高山正也・植松貞夫　監修
現代図書館情報学シリーズ…6

児童サービス論

［編集］植松 貞夫・鈴木 佳苗

岩崎 れい

河西由美子

高桑弥須子

平澤佐千代

堀川 照代

共著

樹村房

監修者の言葉

　わが国に近代的な図書館学が紹介されたのは19世紀末頃と考えられるが，図書館学，図書館情報学が本格的に大学で教育・研究されるのは1950年に成立した図書館法による司書養成制度を受けての1951年からであった。それから数えても，既に半世紀以上の歴史を有する。この間，図書館を取り巻く社会，経済，行政，技術等の環境は大きく変化した。それに応じて，図書館法と図書館法施行規則は逐次改定されてきた。その結果，司書養成科目も1950年の図書館法施行規則以来数度にわたって改変を見ている。

　それは取りも直さず，わが国の健全な民主主義発展の社会的基盤である図書館において，出版物をはじめ，種々の情報資源へのアクセスを保証する最善のサービスを提供するためには，その時々の環境に合わせて図書館を運営し，指導できる有能な司書の存在が不可欠であるとの認識があるからに他ならない。

　2012（平成24）年度から改定・施行される省令科目は，1997年度から2011年度まで実施されてきた科目群を基礎とし，15年間の教育実績をふまえ，その間の図書館環境の変化を勘案し，修正・変更の上，改めたものである。この間に，インターネット利用の日常生活への浸透，電子メールやツイッター，ブログ等の普及，情報流通のグローバル化，電子出版やデジタル化の進展，公的サービス分野での市場化の普及などの変化が社会の各層におよび，結果として図書館活動を取り巻く環境や利用者の読書と情報利用行動等にも大きな構造的な変化をもたらした。この結果，従来からの就職市場の流動化や就業構造の変化等に伴い，司書資格取得者の図書館への就職率が大きく低下したことも率直に認めざるを得ない。

　このような変化や時代的要請を受けて，1997年版の省令科目の全面的な見直しが行われた結果，新たな科目構成と単位数による新省令科目が決定され，変化した図書館を取り巻く環境にも十分適応できるように，司書養成の内容が一新されることとなった。そこで，樹村房の「新・図書館学シリーズ」もその改定に合わせ内容を全面的に改編し，それに合わせて，「現代図書館情報学シリーズ」と改称して新発足することとなった。

「図書館学シリーズ」として発足し，今回「現代図書館情報学シリーズ」と改めた本教科書シリーズは，幸いにして，1981（昭和56）年の創刊以来，樹村房の教科書として抜群の好評を博し，実質的にわが国図書館学，図書館情報学の標準的教科書として版を重ねてきた実績をもつ。これもひとえに，本シリーズをご利用いただいた読者各位からのご意見やお励ましと，執筆者各位の熱意の賜物と考えている。

　監修にあたって心がけたのは，この「現代図書館情報学シリーズ」で司書資格を得た人たちが図書館で働き続ける限り，その職能観の基礎として準拠しうる図書館情報学観を習得してもらえる内容の教科書を作ろうということであった。すなわち，「図書館学は実学である」との理念のもとに，アカデミズムのもつ概念的内容とプロフェッショナリズムのもつ実証的技術論を融合することであった。そのこと自体がかなり大きな課題となるとも想定されたが極力，大学の学部課程での授業を想定し，その枠内に収まるように，その内容の広がりと深さを調整したつもりである。一方で，できる限り，新たな技術や構想等には配慮し，養成される司書が将来志向的な視野を維持できるよう努力したつもりでもある。これに加えて，有能な司書養成のために，樹村房の教科書シリーズでは各巻が単独著者による一定の思想や見方，考え方に偏重した執筆内容となることを防ぐべく，各巻ともに，複数著者による共同執筆の体制をとることで，特定の思想や価値観に偏重することなく，均衡ある著述内容となることをこのシリーズにおいても踏襲している。

　本シリーズにおける我々の目標は決して学術書として新規な理論の展開を図ることではない。司書養成現場における科目担当者と受講者の将来の図書館への理想と情熱が具体化できる教材を目指している。その意味で，本シリーズは単に司書資格取得を目指す学生諸君のみならず，現職の図書館職員の方々や，図書館情報学を大学（院）等で研究する人たちにも役立つ内容をもつことができたと自負している。読者各位からの建設的なご意見やご支援を心からお願い申し上げます。

　　　2011年2月

　　　　　　　　　　　　　　　　　　　　　　　　　　　　　　　　監　修　者

序　文

　日本では，2000(平成12)年の子ども読書年以降，子どもの読書活動推進のための国の施策が進められてきている。発達過程にある子どもたちの読書環境を整え，「適書を適者に適時に」(フランシス・K・W・ドルアリー，Francis K.W. Drury) 提供するため，図書館の児童サービスが果たす役割は大きい。

　多くの子どもにとって，公立図書館の利用は公共機関を自主的に利用する最初の体験であり，公共性を学ぶきっかけとなる。そして，この時期に図書館の活用法を体得した児童は，生涯を通じて各種の図書館の利用者・支援者になる可能性が高いことから，図書館の振興・普及という点からも児童サービスの意義は大きいといえる。また，公立図書館における児童サービスは，子どもの学習権の保障であり，情報へのアクセス権の保障という意味をもつ。

　本書は，樹村房の現代図書館情報学シリーズの第6巻としてまとめられた「児童サービス論」の教科書である。「児童サービス論」は，図書館法施行規則において，司書資格取得のために大学で履修すべき図書館に関する必修科目の一つと定められている。また，「図書館法施行規則の一部を改正する省令」(2009(平成21)年4月) により図書館に関する科目及び単位数が改正され，「児童サービス論」は「図書館サービスに関する科目」に位置づけられ，1単位から2単位の科目となった。

　新しい「児童サービス論」では，児童(乳幼児からヤングアダルトまで)を対象に，発達における読書の役割，図書館サービス，図書館資料，学校との協力等について総合的に学ぶことが求められている。具体的に学ぶべき内容として，「発達と学習における読書の役割」「児童サービスの意義」「児童資料」「児童サービスの実際」「乳幼児サービスと資料」「ヤングアダルトサービスと資料」「学習支援としての児童サービス」「学校，学校図書館の活動」「学校，家庭，地域との連携・協力」が挙げられている。

　「児童サービス論」の改正のポイントは，従来，主に技術的な内容から構成

されていた内容に発達における読書の意義を追加し，理論を充実させること，子どもの読書活動推進のための施策や，学校等関連機関等との連携の必要性・具体策に関する内容の追加などであった。また，乳幼児サービスや児童サービスにおける学習支援についても大きく取り上げられることとなった。本書はこれらの学習内容を網羅している。

　本書は教科書であることから，児童サービスの理論面，技術面や実践面に関する基礎的な内容や，児童サービスの現状と課題を分かりやすく解説することを目指した。理論面では，読書の意義や読書に関する理論を紹介し，発達と教育に関連する内容を含めた。技術面や実践面では，児童サービスの管理・運営，児童サービスの企画・立案や技術，学習支援などについて，実例（市立図書館の具体的な児童サービス，乳幼児サービス，学校の読書活動の例）を多く紹介しながら解説した。また，学校図書館の現状についても詳しく紹介し，児童サービスにおける学習支援への理解を深めることができる内容になっている。さらに，児童サービスの課題と展望として，乳幼児サービスからヤングアダルトサービスまでのサービスの連続性といった児童サービス自体の課題と，子どもの読書環境の整備についての課題についても言及した。

　このように，理論面，技術面，実践面を充実させた本書をまとめることができたのは，現役の公共図書館司書，学校図書館司書の方々を含む，本書の分野で研究，教育，実践の経験豊富な執筆者各位のご尽力のおかげである。また，牛久市立中央図書館の中村仁美氏には，牛久市立中央図書館の「ブックスタート」および「乳幼児サービス」について貴重な資料や情報を提供していただいた。樹村房の大塚栄一社長と編集部石村早紀氏には，本書の編集に細やかに対応していただいた。本書の関係者各位のご協力に心よりお礼を申し上げる。

2012年9月4日

編集責任者　植松　貞夫
　　　　　　鈴木　佳苗

児童サービス論
も　く　じ

監修者の言葉　　iii
序文　　v

1章　読書の意義 ——————————————— 1
1．読書とは ……………………………………………… 1
（1）読書の定義　　1
（2）読書の意義　　2
2．発達と学習における読書の役割 …………………… 4
（1）発達に関する理論　　4
（2）読書に期待される効果と読書の効果　　8
（3）学習と読書　　9

2章　児童サービスの意義と歴史 ——————————— 12
1．児童サービスの理念 ………………………………… 12
（1）児童サービスの概念　　12
（2）児童サービスを支える法律や宣言　　13
2．児童サービスの意義と歴史 ………………………… 16
（1）児童サービスの意義　　16
（2）児童サービスの歴史　　18
（3）児童サービスに対するニーズの変容　　22
3．子ども読書活動推進計画と児童サービス ………… 23
（1）子ども読書活動推進の歴史的背景　　23
（2）子ども読書活動推進計画の概要　　24
（3）子ども読書活動推進における児童サービスの役割　　26

3章　児童サービスの種類と内容 ─── 29
1．児童サービスの種類 ─── 29
（1）フロアワーク　29
（2）貸出　29
（3）予約・リクエスト　30
（4）レファレンスサービス　30
（5）読書相談　32
2．さまざまな行事 ─── 32
（1）行事の種類と概要　32
（2）行事の意義と役割　38
3．おはなし会の意義と方法 ─── 38
（1）おはなし会の意義　38
（2）読み聞かせの準備と技術　38
（3）ストーリーテリングの準備と技術　41
（4）ブックトークの準備と技術　43
4．児童サービスの今後の課題 ─── 46

4章　児童サービスの管理・運営 ─── 48
1．児童サービスの管理・運営の基本的な考え方 ─── 48
2．児童図書館の職員と組織 ─── 49
（1）児童図書館員の専門性とその役割　49
（2）児童図書館における職員と組織　51
3．児童資料の選択と評価 ─── 53
（1）子ども向け資料の選書基準　53
（2）選書計画の意義とポイント　56
（3）児童図書館におけるコレクション構築　57
4．児童サービスにおける体系的な計画の重要性 ─── 60
（1）体系的な計画を立案することの意義　60
（2）児童サービスの体系的な年間計画の重要性　61
（3）年間計画作成の手順と留意点　63

（4）サービスの評価　　69

5章　児童資料の種類と特性 ―――――――――――――― 70
　1．児童資料とは ……………………………………………………… 70
　2．児童資料の種類と活用 ……………………………………………… 71
　　　（1）絵本とその活用　　71
　　　（2）物語・文学とその活用　　78
　　　（3）ノンフィクション作品とブックトーク　　83
　3．ヤングアダルト資料の新展開 ……………………………………… 87
　　　（1）ロールモデルの探求とキャリアプランニング（伝記と職業教育）
　　　　　　87
　　　（2）情報・メディアの活用と批判的思考の育成　　88
　4．障がいを持った子ども向けの資料 ………………………………… 89
　　　（1）さわる絵本・布の絵本　　89
　　　（2）点訳絵本　　90
　　　（3）マルチメディア DAISY　　90
　　　（4）LL ブック，大活字本　　92

6章　乳幼児サービス ――――――――――――――――― 93
　1．ブックスタートとフォローアップ ………………………………… 93
　　　（1）ブックスタートとは　　93
　　　（2）ブックスタートの現状　　94
　　　（3）フォローアップ　　99
　2．図書館における乳幼児サービスと資料 …………………………… 100
　　　（1）乳幼児サービスの種類　　102
　　　（2）乳幼児向けの資料　　106

7章　ヤングアダルトサービス ―――――――――――― 111
　1．ヤングアダルトサービスとは何か ………………………………… 111
　　　（1）意義と現状　　111

（2）米国のYAサービス　*115*
　2．ヤングアダルト向け資料 ……………………………………………… *116*
　　　（1）YA向け文学とは何か　*116*
　　　（2）YA向け資料の収集　*118*
　　　（3）YA向け資料の配架・展示　*120*
　3．ヤングアダルトサービスの展開 ……………………………………… *121*
　　　（1）YAへの情報提供　*121*
　　　（2）YA向けプログラム　*126*
　　　（3）YAサービスの評価　*127*
　　　（4）YAサービスの課題　*128*

8章　学校図書館へのサービス ── *130*
　1．学校および学校図書館向け児童サービスの現状 …………………… *130*
　　　（1）公共図書館と学校図書館　*130*
　　　（2）学校向け児童サービスの種類　*130*
　　　（3）地域ネットワークの構築　*136*
　2．学校図書館の現状 ……………………………………………………… *139*
　　　（1）学習指導要領と学校図書館　*139*
　　　（2）学校図書館の現状　*141*
　3．学校図書館向けサービスの課題 ……………………………………… *146*
　　　（1）学校図書館向け資料の整備　*146*
　　　（2）司書教諭や教科教員との連携・協働　*147*
　　　（3）教員の情報ニーズ　*148*
　　　（4）授業づくりへの支援　*149*

9章　地域と公共図書館 ── *152*
　1．家庭への支援 …………………………………………………………… *152*
　　　（1）家庭への支援の意義　*152*
　　　（2）子育て支援における公共図書館の役割　*153*
　　　（3）継続的な支援機関としての公共図書館　*155*

2．地域との連携 ··· 157
　　　　（1）地域との連携の意義　*157*
　　　　（2）幼稚園・保育所との連携　*158*
　　　　（3）子ども文庫との連携　*159*
　　　　（4）子どもに関わる諸機関・施設との連携　*160*
　　　　（5）図書館ボランティアの役割　*162*

10章　児童サービスの課題と展望 ─────────────── *164*
　　1．児童サービスの課題 ·· *164*
　　2．子どもの読書環境整備についての課題と展望 ······························· *166*
　　　　（1）子どもの読解力育成　*166*
　　　　（2）地域の読書環境の整備　*167*

参考文献　*171*
資料1　子どもの読書活動の推進に関する法律　*175*
資料2　ユネスコ公共図書館宣言　1994年　*177*
資料3　大阪府立夕陽丘図書館　児童書資料（作品類）選択基準　*180*
資料4　大阪市立中央図書館　資料収集方針（抜粋）　*184*
資料5　倉吉市立図書館　ヤングアダルト資料選定基準　*185*
資料6　ブックスタート　赤ちゃん絵本リスト　*186*
さくいん　*191*

【本書の執筆分担】
1章　鈴木佳苗
2章　岩崎れい
3章　岩崎れい
4章　岩崎れい・平澤佐千代
5章　河西由美子・高桑弥須子
6章　鈴木佳苗
7章　堀川照代
8章　河西由美子
9章　岩崎れい・平澤佐千代
10章　鈴木佳苗・岩崎れい・河西由美子・堀川照代

1章　読書の意義

1．読書とは

（1）読書の定義

　読書とは，文字通りには「書」を「読む」ことである。「書」は，文字で書き記したものである。「読む」は，現代のような多様なメディアの複合する時代においては，文字で書き記したものを対象とするだけでなく，映像メディアも「読む」対象に含まれる。さらに，「読む」には，文字や映像をそのまま理解するだけでなく，そこから自分なりの意味を発見し，解釈することが含まれる。このように，読書や映像メディアを「読む」ことは主体的・創造的な活動であり，読書から得られたものと映像メディアを「読む」という主体的・創造的な活動から得られたものは相互作用し，それぞれの読みを高めていくことが期待される[1]。

　読書には，さまざまな楽しみの要素がある。たとえば，読書を通じて感動したり，思想を学んだり，実際には体験し得ないことを知ったり（疑似体験），物語の中の人物と一体化して物語を楽しんだり，物語を読むことによってさまざまなことを想像したり，自分で物語を創り出したりすることなどが挙げられる。読書から得た体験はいずれも子どもたちにとって貴重なものであるが，これらの体験だけでは子どもたちの社会的発達には十分ではない。読書を通しての体験は現実の社会生活に必ずしも適用できるものではない場合があり，子ど

1：滑川道夫．読書に親しむ―映像文化時代の読書論序説．児童心理．1979, vol.33, no.10, p.1693-1707．

もたち自身が読書からの体験を自分自身の直接体験と照らし合わせ，関連づけていくことが必要となる。

公共図書館の児童サービスは，子どもと読書にかかわる重要な役割を担っている。公共図書館の児童サービスの大きな目的の一つは，子どもたちが将来，自分で読みたい本，目的にあった本を適切に選ぶことができるようにサポートすることである。そのためには，以下のような子どもの読書の意義や発達と学習における読書の役割について理解しておくことが大切である。

（2）読書の意義

読書の意義は，国の一連の読書活動推進の取り組みの中で次のように捉えられている。1999（平成11）年の文化審議会の報告によれば，読書は，楽しく，知識がつき，ものを考えることを可能にするものであるとされる。国語力との関係では，読書は，国語力を形成している「考える力」「感じる力」「想像する力」「表す力」「国語の知識等」のいずれにもかかわり，これらの力を育てる上で中核となるものであるという。さらには，すべての活動の基盤である「教養・価値観・感性」などを身につけていくために不可欠なものであることも指摘されている[2]。2000（平成12）年の教育改革国民会議報告では，「人間性をより豊かにするために，読み，書き，話すなど言葉の教育を大切にする」ことが提言されている[3]。また，2001（平成13）年に公布・施行された「子どもの読書活動の推進に関する法律」（巻末資料参照）では，読書活動の意義は，「読書活動は，子どもが，言葉を学び，感性を磨き，表現力を高め，創造力を豊かなものにし，人生をより深く生きる力を身に付けていく上で欠くことのできないもの」と記されている。

2：文化庁文化部国語課．"文化審議会国語分科会読書活動等小委員会の意見のまとめ"．文部科学省．1999-08-22．http://www.mext.go.jp/b_menu/shingi/bunka/toushin/03091201.htm，（参照2011-05-07）．

3：教育改革国民会議．"教育改革国民会議報告：教育を変える17の提案"．首相官邸．2000-12-22．http://www.kantei.go.jp/jp/kyouiku/houkoku/1222report.html，（参照2011-05-07）．

このような読書の意義の社会的認識に対して，家庭や子どもたち自身が読書の意義や目的をどのように捉えているのかについては，これまでにいくつかの研究が行われている。たとえば，幼稚園に通う児童の母親を対象とした質問紙調査[4,5]では，読み聞かせの意義・目的には，「文字・知識習得」（読み聞かせの結果として生まれる知的効果）と「空想・ふれあい」（読み聞かせの過程で生じる思考や情緒）という二つの側面があることが示されている。この調査では，(1)「空想・ふれあい」がより重視されていた家庭は全体の7割以上にのぼり，約2割の家庭で「文字・知識習得」がより重視されていたこと，(2)このような家庭における読み聞かせの意義・目的についての認識は，家庭における読み聞かせの頻度などと関係があることも示されている。たとえば，読み聞かせの意義・目的として「空想・ふれあい」を重視する傾向は，読み聞かせ頻度の高さと弱い関係が見られるが，「文字・知識習得」を重視する傾向では読み聞かせ頻度との関係性は見られていない。

　また，小・中学生を対象とした質問紙調査[6,7]によれば，読書の意義・機能には，「空想・知識」（読書の過程で生じる認知的な面），「暇・気分転換」（読書の過程で生じる気分的な面），「成績・賞賛」（読書の過程というよりも読書を行った結果についての意義）の三つの側面がある。この読書の意義・機能についての認識は，学年が上がると共に変化し，発達に応じて，読書の結果ではなく，過程に意味を見出すことができるようになる（「空想・知識」の得点が高くなる一方，「成績・賞賛」の得点が低くなる）。これらの読書の意義の認識は，子どもたちの読書量と関係がある。「空想・知識」を重要だと考える者は，読書に対する肯定的印象（読書を好き，おもしろいという感情）を持ち，本を多く読むことが示されている。

4：秋田喜代美，無藤隆．幼児への読み聞かせに対する母親の考えと読書環境に関する行動の検討．教育心理学研究．1996，vol.44，no.1，p.109-120．
5：秋田喜代美．読書の発達心理学．国土社，1998，199p．
6：秋田喜代美，無藤隆．読書に対する概念の発達的検討：意義・評価・感情と行動の関連性．教育心理学研究．1993，vol.41，no.4，p.462-469．
7：前掲注5参照．

2. 発達と学習における読書の役割

(1) 発達に関する理論

a. パーソナリティの発達と発達課題

　読書は，パーソナリティの発達の過程で，発達の各段階において達成することが期待される発達課題を乗り越えるために参考になる知識や情報を提供し，さまざまな（擬似）体験の機会を提供する媒体の一つである。発達段階には個人差があり，ある年齢の発達段階よりも上の年齢の発達段階にいる子どもも，下の年齢の発達段階にいる子どももいる。パーソナリティの発達過程で，子どもは発達課題に関連した本を好んで読むと考えられており，パーソナリティの発達段階を知ることは，子どもに本を薦める際の一つの手がかりとなりえる。パーソナリティの発達課題については，1-1表に示した。

b. 読書興味の発達

　個人がどのような内容の本を好んで読むかという，読書材の選択を規定する傾向性は，「読書興味」と呼ばれる。読書興味の発達理論[8]によれば，読書興味には「子守り話期」「昔話期」「寓話期」「童話期」「物語期」「伝記期」「文学期」「思索期」という八つの段階がある（1-1表）。たとえば，「子守話期」の4歳頃までの子どもたちは，基本的生活習慣（食事・用便・睡眠・着衣・清潔など）の自立が課題となっており，身辺の事象の名称やその用途を修得し，理解することも必要であると考えられている。この年齢の子どもたちに好まれる本には，身近な生活のことが出てくるお話や絵本などがある。

　毎年実施されている「学校読書調査」（毎日新聞社，公益社団法人全国学校図書館協議会）では，小学生（高学年），中学生，高校生の1か月の読書冊数に加えて，それぞれの学年でよく読まれている本のタイトルが示されており，

8：阪本一郎．"読書興味の発達"．現代の読書心理学．金子書房，1971，p.129-134．

1-1表　読書興味の発達段階

〈段階〉(年齢)	発達(適応)課題	読書材の特徴
〈子守り話期〉 (2～4歳)	・生活の基本的習慣（食事・用便・睡眠・着衣・清潔など）の自立	・しつけや知恵の芽生えを育てる，即興の作り話 ・子守り話： 〈特徴〉話が短い／動植物や無生物も登場人物となるが，多くは聞き手の子どもたち自身や，語り手の成人が主役を演じる／自分の日常生活のひとこまを表現する／リズムとユーモアがあり，少し教訓が含まれている ・絵本：「生活絵本」「観察絵本」，簡単な「童話の絵本」など
〈昔話期〉 (4～6歳)	・自我の主張 ・自我の主張に対して，可・不可，許・不許の区別を理解させ，不可・不許のことはあえてしないようにすること	・絵本：入門的な「科学絵本」「あいうえお絵本」「かずの絵本」昔話を中心とした「物語絵本」 ・昔話 〈特徴〉時間と場所において，現実から離れた世界が描かれている／素材は子どもの身近な生活環境からとられている／魔法や奇跡が起こる／物語としての筋が通っており，白黒が明白に分かれる
〈寓話期〉 (6～8歳)	・家庭から学校への生活環境の広がりへの適応（新しい社会のルールを尊重し，成人の善悪の判断を無条件に受け入れる〔他律道徳期〕）	・昔話・民話 ・寓話：モラルを強調したり，教訓を理解，発見したりすることができるもの ・逸話：実在の偉人英雄のエピソードで，社会的に認められた手本となる行動が描かれているもの
〈童話期〉 (8～10歳)	・未分化な自己中心性から離脱して，主観と客観が分化し，客観的な現実を理解するようになること ・自律的な善悪の判断に基づいて行動するようになること	・生活童話：現実の子どもたちの生活を取材して，創作されたもの ・英雄物語：英雄の偉業から生活倫理を学んだり，正義に走って弱者の味方をする英雄を敬うことができるもの ・架空物語：現実を越えた想像を楽しませるもの ・図鑑：科学の芽を育てるもの
〈物語期〉 (10～12歳)	・友人社会への適応 ・友情と義侠（正義を重んじて，強い者をおさえ，弱い者を助けること）	・少年少女物語：少年少女が複数登場し，社会生活上の問題が友情と正義によって解決されているもの ・少年文学：少年や英雄を主役にしているもの ・冒険・推理物語：行動を阻む障壁が勇気や知的洞察によって解決される過程が描かれているもの ・スポーツ物語：チームワークやフェアプレーが強調されているもの ・感傷物語：弱者への同情が描かれているもの ・発明・発見物語：科学者や偉人の成し遂げた発明や発見の苦労が描かれているもの ・男子はスリル，女子は感傷的な情緒を好む
〈伝記期〉 (12～14歳)	・周囲の成人に対する否定的態度から独善に走らず，健全な精神的自立に到達すること	・伝記：偉人英雄の人間的苦悩・成功を扱ったもの ・伝奇文学：夢のような恋愛・冒険・怪奇事件を誇張して伝記風に扱ったもの ・性の役割を教えるのに好適な大衆文学 ・科学入門書
〈文学期〉 (14～16歳)	・情緒的動揺を自分でコントロールして自我を安定させ，社会生活の厳しさにくじけない心構えをつくること ・異性に対して適応すること	・純文学：小説，詩歌，戯曲 〈特徴〉伝記より身近で具体的な対象が描かれている／人間の内面の心理的葛藤が描かれている
〈思索期〉 (17歳以上)	・現実と理想の矛盾の解決	・思索書：人生論，幸福論，哲学書など ・宗教書 ・専門の学術書

(阪本一郎「読書興味の発達」『現代の読書心理学』金子書房，1971，p.129-134．読書教育研究会編著「読書興味の発達」『読書教育通論　児童生徒の読書活動』学芸図書，1995，p.34-43に基づいて作成）

各年齢での読書興味の違いを見ることができる[9]。全体的な傾向としては，年少者においては読書興味の共通性が高く，年齢の増加に応じて読書興味に個性が見られるようになっていく。

　子どもの読書を支援していく際には，フランシス・K・W・ドゥラリー（Francis K.W. Drury）の指摘する「適書を適者に適時に」を心がけることが重要である。子どもの発達には個人差があるため，ある発達段階の子どもに適した本（一般的な良書）がその発達段階にあるどの子どもにも適した本ではないことに注意する必要がある。このような点に留意しながら，発達過程にある子どもに適切な本を手渡すことができれば，子どもはその本に興味を持って読み進め，次第に本の選択能力を身につけることができるようになると期待されている。

c．読書能力の発達

　読書能力とは，読字力，語彙力，文法力，読解力，速読力，感想力といった多くの基礎的な能力に支えられた複合的能力である[10]。また，読書を楽しみ，読書活動の中から喜びと感動を見出す力であるとも考えられている[11]。

　子どもたちの読書能力の発達については，1-2表に示されているように，「前読書期」「読書入門期」「初歩読書期」「多読期」「成熟読書期」の五つの段階が提案されており，さらに下位の段階もある。また，読書能力の発達には，読書興味の発達が密接に関係している[12]。

　読書能力の変革期には，特に指導に留意すべき三つの時期（関門）があるとされる[13]。第1関門は，3～4歳にあり，本に親しませることが重要な時期である。この時期は，ちょうど前読書期から読書入門期の変革期にあたる。この

9：学校読書調査の詳しい結果は，毎年，「学校図書館」の11月号に掲載される。
10：岡田明．"読書能力の発達"．新読書指導事典．阪本一郎，滑川道夫，波多野完治，室伏武編．第一法規出版，1980，p.119-123．
11：朝比奈大作．"読書能力の発達"．読書と豊かな人間性．三訂版，放送大学教育振興会，2009，p.23-34．
12：前掲注11参照。
13：朝比奈大作．"発展段階と読書"．読書と豊かな人間性．樹村房，2002，p.32-60．

1-2表　読書能力の発達段階

〈段階〉（年齢・学年）	読書能力
〈前読書期〉 （〜4歳）	話しことばで通信をしている段階。文字の存在を意識し、絵本に興味を示す
〈読書入門期〉 1）読みのレディネス促進期 （4〜5歳）	読み聞かせをせがむ時期。「この字は何という字？」などと親に尋ね、字を覚えていく。なぞなぞなどのことば遊びが好きになってくる
2）読書開始期 （5〜6歳）	かな文字が全部読めるようになる時期。1字ずつの拾い読みのため、時間がかかる。今まで読んでもらっていた本を自分で読もうとする
〈初歩読書期〉 1）独立読書開始期 （小学校1年生1学期）	意味が簡単で、未知の語があまり出てこない文章を、ひとりで読み始める。速度は遅いが、読むことは楽しいことを実感する
2）読書習慣形成期 （小学校1年生2〜3学期）	本を読む習慣がつき始める時期である。語彙の量が増え、新しいことばが出てきても、推測しながら文意をつかむことができる。文字で表された場面や情景をイメージすることができるようになってくる
3）基礎読書力熟成期 （小学校2〜3年生）	初歩の読書技術（円滑な眼球運動、正確な行がえ、1回の目の停留による把握文字数の増加等）が身につく時期である。本を終わりまで読み通すことができるようになる。また、自分の考えと比較しながら読むといった、創造的な読み方ができるようになる
〈多読期〉 1）無差別多読期 （小学校4〜5年生）	読書技術が発達して多読になり、目的に応じた読書ができるようになる時期。自発的になんでも読むようになるが、本の選択はまだ不十分である。理解と記憶がよくなり、読みの速度も大幅にアップする。参考資料や新聞をうまく利用できるようになる
2）選択的多読期 （小学校5年生〜 中学校1年生）	語彙の量が飛躍的に増加する。また、自分のニーズに合った読書材を適切に選択することができるようになる。内容を評価したり、鑑賞することができる。文章の内容によって読む速度を調整できるようになる。この段階で発達がとまる者、以後かたよった面だけが発達するものが出てくるおそれがある
〈成熟読書期〉 1）共感的読書期 （中学校2年生〜 高校1年生）	読書による共感を求めて、それに適合する読書材を選択する。多読の傾向は減少し、共感したり、感動する本に出会うと、何度も読むようになる
2）個性的読書期 （高校2年生以上）	読書の目的、資料の種類に応じて、適切な読書技術によって読むことができる成熟した読書人としての水準に達する時期である。学術論文等も読むことができるようになる

（読書教育研究会編著「読書能力の発達」『読書教育通論　児童生徒の読書活動』学芸図書、1995、p.43-47を一部改変）

時期の子どもに対する家庭や公共図書館の読み聞かせ（絵本や本を声に出して読んでもらうこと）や，他のさまざまな読書にかかわる行事は，子どもたちが本に親しむ機会となっている。第2関門は，小学校3〜4年生にあり，読書興味の幅を広げることが重要な時期である。この時期は，初歩読書期から多読期への変革期にあたる。読書興味の幅を広げる一つの方法として，ブックトーク（ある一つのテーマに沿って，数冊の本を順序よく紹介すること）がある。第3関門は，中学校1〜2年生にあり，読書によって内面の充実や感動を求める時期である。この時期は，多読期から成熟読書期への変革期にあたる。この時期の子どもには，どのような本を薦めるかがポイントであると言えるだろう。

（2）読書に期待される効果と読書の効果

　子どもたちは，年齢に応じて，さまざまな形で絵本や本に触れている。乳幼児が絵本に触れる機会としては，ブックスタートや読み聞かせがある。ブックスタートとは，「すべての赤ちゃんのまわりで楽しくあたたかいひとときが持たれることを願い，一人ひとりの赤ちゃんに，絵本を開く楽しい体験といっしょに，絵本を手渡す活動」（NPOブックスタート支援センター）である（6章参照）。ブックスタートにおいて実感されている効果としては，親子間のコミュニケーションの促進などがある。

　読み聞かせ（3章参照）には，読み手と聞き手の間のコミュニケーションがあり，情緒の発達や言葉の発達，読書のレディネス（readiness）の形成への効果が期待されている。読書のレディネスとは，読書を楽しむことが可能な心理的準備状態が整っていることを指す。具体的には，一つひとつの言葉や場面をイメージ化したり，場面をつないで一つのストーリーの流れを楽しんだりすることができることを意味している。読みの能力を発達させるためには，聞く能力を発達させる必要があり，この点で，読み聞かせは子どもたちのその後の読書にとって非常に重要なものであると言える。

　先述のように，読書は子どもたちの発達過程において重要な役割を果たすと考えられているが，読書の効果について言及した文献や研究を整理すると，読

書に期待される効果には，「心理的側面」だけでなく，「学力的側面」に関連した内容も多く見られる。心理的側面には，心の成長（感受性，自己形成，共感性，耐性力の高まりなど）や心の癒し（ストレス低減や心の落ち着きなど）が含まれる。学力的側面には，学力の伸び（読解力，想像力，思考力，表現力の伸び，知識の獲得など），学習意欲の伸び（集中力や好奇心の高まり）がある。

　このように，読書に期待される効果にはいろいろな内容があるが，「心理的側面」と「学力的側面」のいずれに関しても，子どもたちの発達に対する読書の効果に関する実証研究は少なく，今後の実証的研究の成果が期待される。

　子どもを対象とした読書の効果に関する研究成果としては，学力的側面において，自由読書（読みたいから読む，読みたい本を読むという読書）が読み書き能力と関係があることが示されている[14]。また，心理的側面においては，読書が共感性に及ぼす影響が検討されており，どのような内容の本を読むか，あるいは年齢や性別によって影響が異なることなどが示されている[15]。

（3）学習と読書

　2000年から学校教育に段階的に導入された「総合的な学習の時間」によって，楽しみのための読書だけではなく，調べ学習などによって図書資料を学習に利用する機会が増えてきている。学校で調べ学習などによって図書資料を利用する際には，学校図書館の直接的な支援が大きいが，公共図書館も団体貸出などの学校図書館との連携によって調べ学習を支援したり，公共図書館での図書の貸出やレファレンスサービスなどによって子どもたちを直接支援したりしている。調べ学習に関する調査[16]では，小学生，中学生，高校生と年齢が上がるにつれて調べ学習に否定的なイメージが高くなっていくことが示されており，今

14：Krashen, Stephen D. 読書はパワー. 長倉美恵子，塚原博，黒沢浩共訳. 金の星社，1996, 166p.
15：Suzuki, K. "Effects of reading various genres of books on empathy: A panel survey of elementary school and junior high school student". *Abstracts of the 27th International Congress of Applied Psychology*, V. Mrowinski, M. Kyrios, & Voudouris, N., eds., 2010, p.804.

後さらに，子どもたちの調べ学習に対する意欲を高める工夫が必要であると考えられる。また，調べ学習では，図書資料だけでなく，インターネットを利用する機会が多いため，子どもたちの情報リテラシーの育成が課題となっている。

　学習と読書に関する他の課題には，読解力の向上に対する社会的要請がある。読解力については，2000年以降，3年ごとに実施される OECD 生徒の学習到達度調査（Programme for International Student Assessment：以下，PISA 調査）での結果が注目されており，PISA 調査の結果を受けて，読解力向上のための国の対策が検討されている。PISA 調査は，義務教育修了段階の15歳児を対象として，読解力，数学的リテラシー，科学的リテラシーの3分野について，生徒が持っている知識や技能を実生活のさまざまな場面でどれだけ活用できるかをみるものである。2009年調査では読解力を中心分野として調査が行われ，日本の総合読解力の得点は参加65か国・地域中，8位であった。PISA2009では，読解力は，「自らの目標を達成し，自らの知識と可能性を発達させ，効果的に社会に参加するために，書かれたテキストを理解し，利用し，熟考し，これに取り組む能力」と定義されている。この定義中の読みに「取り組む」という要素は，PISA2009で新たに加えられたものであり，読むことに対してモチベーション（動機づけ）があり，読書に対する興味・関心があり，読書を楽しみと感じており，読む内容を精査したり，読書の社会的な側面に関わったり，読書を多面的にまた頻繁に行っているなどの情緒的，行動的特性も重視されるようになった[17]。子どもたちの読書への動機づけ，読書への興味・関心，読書への楽しみを高めることや，さまざまなジャンルの本を紹介することなどは，公共図書館における児童サービスの担当者が日々，子どもたちに直

16：第56回学校読書調査（2010）では，「調べ学習」についての調査が行われており，小学生は「自分で調べるのが楽しい」が57.6%と過半数に達したが，中学生では33.1%，高校生は16.7%であった。

17："OECD 生徒の学習到達度調査　Programme for International Student Assessment ～2009年調査国際結果の要約～"．文部科学省．http://www.mext.go.jp/component/a_menu/education/detail/__icsFiles/afieldfile/2010/12/07/1284443_01.pdf，（参照 2012-05-07）．

接触れ合う中で貢献することができる部分であると考えられる。

　また，このPISA調査の結果を受けて，読解力向上に関する今後の施策の一つとして，「子どもの読書活動の推進」が改めて提案された[18]。この「子どもの読書活動の推進」では，「家庭，地域，学校における取組の一体的推進（家庭における読み聞かせなど読書活動に資する情報提供，地域における読書コミュニティの形成の推進，学校における朝読書などの読書活動の推進など）」が挙げられている。文部科学省は，2011年度より新規に「読書コミュニティ拠点形成支援事業」を立ち上げ，読書ボランティアの活動を尊重しつつ，自らの活動を通じた地域コミュニティづくりのための場や情報の提供を行い，子どもの読書活動のより一層の促進を図ることとしている。

18："PISA2009の課題を受けた今後の取組"．文部科学省．http://www.mext.go.jp/component/a_menu/education/detail/__icsFiles/afieldfile/2010/12/07/1284443_07.pdf，（参照2012-05-07）．

2章　児童サービスの意義と歴史

1．児童サービスの理念

（1）児童サービスの概念

　児童サービスとは，子どもを主な利用者として，公共図書館が行う貸出，読書相談，レファレンス業務などのサービスの総称のことである。対象年齢については，0～18歳が主な範囲である。ただし，近年は，児童サービスというひとくくりではなく，乳幼児サービス・児童サービス・ヤングアダルトサービスと区分するようになっている。

　乳幼児サービスは，比較的新しく，日本では1980年代から公共図書館で取り組まれてきている。図書館サービスの初期の段階では乳幼児に対するサービスはなく，またそののちは児童サービスの中に含まれていたが，乳幼児は小学生とは違って自分で読むことはほとんどできず，誰かに読んでもらうことが中心であることや，言語獲得において重要な時期である乳幼児期に読み聞かせやお話をしてもらうことが子どもの言葉の発達に大きな影響を与えると考えられるようになったことなどから，その重要性が注目されるようになった。この乳幼児期のサービスは子ども自身だけではなく，子どもに本を与えたり，読んだりする保護者もサービス対象とすることに子どもへのサービスの中でも特に重点を置いており，近年は子育て支援とも深い関連を持ちつつある。また，1992年に英国のバーミンガムで始まったブックスタートが2000年以降日本に徐々に広がってきていることもあり，乳幼児サービスを通じて公共図書館が赤ちゃんにサービスをしていくことの意義も改めて問い直されてきている（乳幼児サービ

スの詳細については6章参照)。

　児童サービスは広義には0〜18歳のすべての子どもたちへのサービスを指すが，狭義には，主に小学生を対象とするサービスを指す。たいていは小学生時代に読書習慣が形成されることや，調べ学習がこの時期に始まることなどから，日本でも小学生へのサービスには早くから力を入れてきた。この時期はもっとも読書量の多い時期とも言われ，子どもたちの読書の関心をどのように広げていくか，資料の調べ方を教えることを含むレファレンスサービスや情報リテラシーの育成を通して子どもの学習支援をどのようにしていくかなど，その充実方法には多くの課題がある。

　ヤングアダルトサービスは主に12〜18歳を対象とするものであり，20世紀初期には主に勤労青年を対象とするサービスであったが，現在は高校に行く子どもたちが100年前に比べ飛躍的に増えたこともあって，学校に通っている中高生を対象とするサービスの側面が大きくなっている。さらに，ヤングアダルトサービスが対象としている子どもたちの発達段階は，第二の自我の芽生えの時期にも重なり，子どもから大人への移行期にあたり，精神面における葛藤と矛盾が共存する特異な時期と重なるため，この発達段階に配慮したサービスが求められるようになってきている（ヤングアダルトサービスの詳細については7章参照）。

　このように，児童サービスは，子どもを大人と同様に図書館利用者として位置づけると同時に，発達過程にある子どもたちに対する独自のサービスをしていく必要があることに留意していく必要がある。

（2）児童サービスを支える法律や宣言

　公共図書館における児童サービスの意義や重要性については，以下の法律や宣言の中に記されており，それが実際の児童サービスを支える土台となっている。

　国際的には，ユネスコ公共図書館宣言を中心に，子どもに対する図書館の役割が明らかにされている。

1994年に，IFLA（国際図書館連盟）の協力のもとに，ユネスコ公共図書館宣言が採択された。そこでは，公共図書館がすべての人に公平に提供されるサービスであることが明記され，さらに果たすべき使命として，以下の12点が挙げられている。この中には，子どもへのサービスが一つの大きな柱として位置づけられ，国際的にも公共図書館における児童サービスが重視されていることがうかがえる。

1. 幼い時期から子供たちの読書習慣を育成し，それを強化する。
2. あらゆる段階での正規の教育とともに，個人的および自主的な教育を支援する。
3. 個人の創造的な発展のための機会を提供する。
4. 青少年の想像力と創造性に刺激を与える。
5. 文化遺産の認識，芸術，科学的な業績や革新についての理解を促進する。
6. あらゆる公演芸術の文化的表現に接しうるようにする。
7. 異文化間の交流を助長し，多様な文化が存立できるようにする。
8. 口述による伝承を援助する。
9. 市民がいかなる種類の地域情報をも入手できるようにする。
10. 地域の企業，協会および利益団体に対して適切な情報サービスを行う。
11. 容易に情報を検索し，コンピュータを駆使できるような技能の発達を促す。
12. あらゆる年齢層の人々のための識字活動とその計画を援助し，かつ，それに参加し，必要があれば，こうした活動を発足させる。

（長倉美恵子・日本図書館協会国際交流委員会訳　1995）

　また，具体的なサービスの指針として，「IFLA児童図書館サービスの指針」[1]（2003）や「乳幼児サービスのためのガイドライン」[2]（2006～2007），「ヤングアダルトサービスのためのガイドライン」[3]（1996制定，2008改訂）などが提示されており，「IFLA児童図書館サービスの指針」において，児童サービスの重要性は以下のように記されている[4]。

1：「IFLA児童図書館サービスの指針」（2003）日本語版は国際子ども図書館Webサイトに掲載。http://www.kodomo.go.jp/about/publications/pdf/2007ifla-large.pdf
2：「乳幼児サービスのためのガイドライン」（2006～2007）IFLAホームページに原文が掲載されている。http://archive.ifla.org/VII/d3/pub/Profrep100.pdf
　日本語版は『乳幼児への図書館サービスガイドライン』（日本図書館協会，2009）として刊行された。

子どもへの図書館サービスは，今日のように，世界中の子どもたちとその家族にとって，これほど重要なものであったことはなかった。知識へのアクセスと世界の豊かな多文化は，生涯学習や識字スキルと同じく，私たちの社会で優先課題となっている。質の高い児童図書館は，子どもたちがコミュニティに参加し貢献できるようになる生涯学習と識字スキルを身につけさせるものである。図書館は，絶え間なく社会で増加する変化に対応し，すべての子どもたちが必要とする情報や文化，娯楽を満たすようにすべきである。どの子どもも，地元の図書館をよく利用し，親しみ，全体として図書館内で自分の求めるものを探せるスキルをもつべきなのである。

ここでは，いくつかの重要なポイントについて触れている。
①児童サービスは子どもだけではなく，その家族も対象としていること。
②子どもが，生涯学習者となり，識字力を持ち，知識にアクセスでき，多文化を享受するために図書館サービスが不可欠であること。
③図書館は常に社会の変化に対応していくべきであること。
④地元の公共図書館は子どもたちの利用支援をする役割をもつこと。

　この理念のもとに，この指針では，使命，公平利用の原則，サービス対象となる集団，サービスの目標，運営のための財源，資料と選択基準，スペースのありかた，具体的なサービスの項目，ネットワークや広報や人的資源の重要性，経営計画と評価の必要性などについて簡潔にまとめている。

　日本国内を見ると，「図書館法」（昭和25．4．30　法律第118号，最終改正平成20．6．11　法律第59号）においては，児童サービスについての明記はないものの，第3条において学校との連携や学習活動の機会の提供が明記されており，児童サービスもそこに含まれていると解釈することができる。また，『市民の図書館』（日本図書館協会，1970）において，児童サービスは，貸出サービス・全域サービスとならんで公共図書館サービスの3大柱の1本に位置づけら

3：「ヤングアダルトサービスのためのガイドライン」（1996制定，2008改訂）IFLAホームページに原文が掲載されている。http://archive.ifla.org/VII/s10/pubs/Profrep107.pdf　1996年版の日本語訳（訳者：井上靖代）は，『同志社大学図書館学年報．別冊．同志社図書館情報学』（9号，p.45-66，1998）に収載されている。
4：IFLA児童とYA図書館部会．"IFLA児童図書館サービスの指針"．2003．http://archive.ifla.org/VII/s10/pubs/ChildrensGuidelines-jp.pdf，（参照2012-07-10）．

れた。

　このように，児童サービスの重要性は国際的にも国内的にも明らかにされており，本書の6・7章で述べられている乳幼児サービス・ヤングアダルトサービスの土台ともなっている。

2．児童サービスの意義と歴史

（1）児童サービスの意義

　児童サービスの意義について，小河内芳子は次のように述べている[5]。

　　子どもの図書館，それは子どもを読書の楽しみの世界へいざない，子どもの多様な潜在的な興味をひきだし，現実の世界から空想の世界まで，未知の世界を子どもの目の前にひろげてみせる多種多様な本を備えているところである。そこでは子どもは，人として尊ばれ，社会の一員として尊重され，よい文化環境である図書館を自由に利用することができる。子どもがそこへくることも，本を選ぶことも，選んだ本を読むことも借りて帰ることもすべて自由であるのが，子どもの図書館である。

　さらに，ⅰ成人と同じ目的をもって奉仕（サービス）しなければならないこと，ⅱ図書館の将来のために図書館利用者を育成することが重要だから児童サービスをする，という考えは間違いではないものの，児童サービスの主な目的は子ども時代の日々を充実させるためであること，ⅲ子どもが図書館利用を生活の一部として習慣化させるためには，図書館が楽しく自由で開放感に満ち，自由な読書のためだけでなく，直接間接に読書ともつながる遊びのある場である必要があること，ⅳ本から材料を得て工作会などをすることも望ましいこと，ⅴ子どもが自由な読書をする場であればこそ，図書館による図書の選択には慎重になる必要があること，などが述べられている。

　ここには，日本の児童サービスの土台となる考え方が記されており，公共図

5：小河内芳子．子どもの図書館の運営．日本図書館協会，1986，p.35．

館が児童サービスを実施する意義は，子ども時代の自由な読書を図書館が支援していくことにより，読書面・学習面のみならず，子どもの生活を充実させていくことにあるといえる。

　子どもの読書の意義は，さまざまな文献に記されている。ここでは，その一部を紹介する。

　　子どもたちは，昔話であれ，すごい冒険談であれ，こっけい話であれ，気持を愉快にしたり暖かい感動を起こさせたりするあらゆる種類の文学を，手当たりしだいに読みながら，自分たちがそこに永続的な真実を求めていることを，意識的には知らないだろう。だが，子どもたちは，お話の底に，自分たちの頼れる真実がひそんでいることに，気づいている。人間の安心感は，物質的な要求をみたすことからだけくるのではない。それは，ひとりひとりの心のなかに根をもっていなければならない。この根がないと，子どもが安定性をなくして，現代生活をとりまく混乱した価値判断にふりまわされてしまうとしても，ふしぎではない。すぐれた子どもの本は，それを楽しんで読む子どもたちに，非常時用の錨を荒い波風におろすような安定力を与える。この力は，けっして道義的概念ではないが，頼ることのできる力なのである。

　　　　　（リリアン・H・スミス著，石井桃子ほか訳『児童文学論』岩波書店，1964，p.11）

　読む力は，ぜひとも身につけなければならない大事な力である。この信念がなければ，親も教師も子どもの読む力を伸ばす手助けをすることなどできない。読者が作家に出会う……たとえその仲立ちになったものが何であれ，この経験と置き換えることのできるものはこの世に存在しない。読むということは，印刷した記録から知識を得るという行為を遙かに超えたもの。ひとりの人間の心と想像力，そしてもうひとりの人間の心と想像力との生き生きとした出会いである。語る言葉は時に偶然の産物であり，いずれは消え去ってしまうかもしれない。だが，書いた言葉は残る。書いたものを読むとき，私たちは考えるのと同じペースで歩みを進めることができる。読むこととはすなわち自らの内で語りかけることであるから，読んだものは読者の心の成長の過程に確かな印を刻んでいく。
（マーガレット・ミーク著，こだまともこ訳『読む力を育てる―マーガレット・ミークの読書教育論』柏書房，2003，p.14）

（２）児童サービスの歴史

ａ．児童サービスの開始

　世界的に見ても公共図書館サービスが早くはじまった英米では、児童サービスはすでに19世紀に始まっていた。米国では、1803年にはコネティカット州に私立児童図書館が開設されたことが記録されており、英米共に、19世紀前半には日曜学校図書館や学校図書館がすでに見られたが、公共図書館における児童サービスが開始されたのはいずれも公共図書館の成立した19世紀の半ばを過ぎてからである。19世紀後半から児童サービスを開始した代表的な例として、英国では1882年開始のノッティンガム市立図書館の例が挙げられ、米国では1893年に公共図書館となったハートフォード青少年協会図書館や大都市で初めて児童室を設置したボストン公共図書館などが挙げられる。20世紀に入ると児童サービスは急速に発展し、サービスの理念も確立していき、またストーリーテリングなどの手法も図書館の中に定着しはじめていった。特に米国の公共図書館の児童サービスは、20世紀初めの日本の児童サービスの発展に大きな影響を与え、東京市立図書館では、米国の児童サービスの考え方を取り入れた児童図書館業務が展開されていくことになる。

ｂ．日本における児童サービスの開始

　日本で児童サービスを最初に明確なサービスとして実施したのは、1887年に開館した大日本教育会書籍館であるといえるだろう。それ以前にも、年齢制限を設けずに公共図書館を子どもたちに開放していた例は、高知書籍館、東京府書籍館の例にも見られるが、この場合は子どもと成人を区別してサービスをしていたとはいえないからである。大日本教育会書籍館では、「小学生図書閲覧規則」を設け、小学生にも貸出をしていたが、現在とは違い、有料であり、利用するには学校長の許可が必要で、さらに閲覧できる図書も学校長が許可した資料に限られていた、という点で、まだ近代的な児童サービスとはいえないが、このサービスの開始を契機に日本で初めての児童図書館論が登場しはじめ、20世紀初めの児童図書館の発展へとつながっていった（2-1表参照）。

2．児童サービスの意義と歴史 | 19

2-1表　日本の児童サービスの流れ

1887年	大日本教育会書籍館開設（小学部設置）
1899年	図書館令制定
1902年	大橋図書館開館
1903年	山口県立図書館開館（児童室設置）
1905年	京都府立図書館児童室設置
1908年	東京市立日比谷図書館開館（児童室設置）
1910年代	大正自由教育の流れの中で，東京市立図書館20館が児童奉仕実施
1918年	『児童図書館の研究』（今沢慈海・竹貫直人）発行
1930年代～1945年	戦時下における図書館サービスの縮小期
1938年	"児童読み物改善に関する指示要項"（内務省警保局図書課）公示
1940年代後半	CIE図書館設置による戦後の児童サービスの開始
1950年	図書館法制定
1953年	学校図書館法制定
1950～1960年代	子ども文庫の広まり
1960年	親子20分間読書運動の開始（椋鳩十提唱）
1963年	『中小都市における公共図書館の運営』（日本図書館協会）出版
1965年	『子どもの図書館』（石井桃子）出版
1970年	『市民の図書館』（日本図書館協会）出版
1970～1980年代	児童サービス発展期
1981年	わんぱく文庫活動開始（大阪） （各地で民間の子ども文庫が中心となり，ハンディキャップのある子どもたちへのサービスが始まる）
1997年	学校図書館法改正
2000年	子ども読書年・国際子ども図書館一部開館
2001年	子どもの読書活動の推進に関する法律制定 英国で1992年に始まったブックスタート，日本でも試行
2002年	子どもの読書活動の推進に関する基本的な計画閣議決定
2008年	子どもの読書活動の推進に関する基本的な計画【第二次】閣議決定

　20世紀初めに開設された私設図書館である大橋図書館（1902年開設）も，全体的には，成人と区別したサービスは行われていなかったが，おはなし会や映

画会など子どもたちの集会活動を積極的に行ったことに，その意義を見ることができるだろう。

さらに，20世紀初めには，東京市の日比谷図書館の他，山口県，京都府，大阪府などが公共図書館として児童サービスを開始した。

都道府県立図書館の児童サービスにおいては，県立山口図書館と京都府立図書館が先駆的な存在である。県立山口図書館は，1903年の設立当初から児童室を設置していた点で画期的であり，これは初代図書館長の佐野友三郎の図書館思想とそれを支援した県知事武田千代三郎の功績によるところが大きい。京都府立図書館は，開館から7年経った1905年に，米国で図書館学を学んだ湯浅吉郎が図書館長に就任してから児童サービスを開始したものであり，専任の職員を置いたことと無料で自由に閲覧できたことなどから，本格的な児童サービスの開始を担ったと考えることができる。

日比谷図書館は1908年に開設され，1915年に今沢慈海が図書館長に就任したことで急速な発展を遂げ，児童室は盛況をきわめたといわれる。今沢慈海は米国などの児童サービスを参考に，先進的な考えで児童サービスを取り入れ，その考え方は他の図書館にも影響を与えたが，当時の社会から見ると進み過ぎていたこともあるのか，児童図書館を有害だとする批判も図書館の内外からあった。日比谷図書館の開館に携わった渡辺又次郎は，その批判を次の4点に整理した。

①児童に御伽噺類を読ますと，真面目の書物を読むことを嫌うようになる。
②児童に探険小説を読ますと，空想に耽ったり，失敗に陥るようになる。
③児童に書物を自由に読ますと，濫読の習慣を養成するようになる。
④多数の児童を室内に収容して読書させると，身体の発展を害するおそれがある。

当時の読書観が現在と大きく違うことを示す事例であり，児童サービスが発展する一方で，このような考え方も20世紀の半ばを過ぎるまで，社会に長く根付いていた。

しかし，日比谷図書館に児童室が設けられた意義は大きく，首都である東京

での児童室の成功は新聞などを通して知られるようになり，世論の形成にもつながり，全国の公共図書館だけではなく，文部省の図書館行政にも影響を与えた。

浅草図書館では，1927年には子どもたちが図書館にどのような印象を持っているかを知るためのアンケートを実施した。狭隘（きょうあい）な部屋に前年1年間で2万人以上の児童の利用があり，廊下や階段にまであふれて読書をしているところから，感想を求めたもののようである。その結果，設備について子どもたちは遠慮がちに不満を述べないようにしていたが，読み物に関しては時代の影響か，子どもたちが功利的にしか読書を見ていないことに失望した，と担当者は記している。子どもたちの感想には，図書館は勉強に役立つ，図書館で本を借りるのは経済的である，といったコメントが多く，すでに米国の図書館の考え方を受け入れ始めた先進的な東京の市立図書館から見るとはがゆかったのであろう。

> 彼等は今，若干の文字を習得してゐる。若干の徳育は授けられてゐる。若干の学科も学んでゐる。が，事物の比較研究に就いては，少しも訓練を享けてゐない。従って書物の讀方も知らないし，見識の樹て方も教へられてゐない。恁うした彼等に讀物の批判を求めたのは，全く私の不覺である。で，私はそれ等の感想文から，少しばかり，徳育の効果を讀み得たに過ぎない。
>
> 乍併，圖書館に関する感想に至っては，その多くがあまりに功利的で，あまりに大人びてゐるのに，また一驚を喫してゐる。これは環境の感化でもあらうか，或はまた時代精神の影響でもあらうか。
>
> （『市立圖書館と其事業』第42号，1927，p.8）

このように20世紀初めから日本の児童サービスは急速に発展したが，1930年代以降になると，戦争の影響もあり，次第に公共図書館が縮小・閉鎖に追い込まれていった。

c．20世紀半ば以降における児童サービスの発展

1945年に終戦を迎えると，米国占領軍の組織のひとつCIE（民間情報教育局）によってCIE図書館が設立され，無料で一般公開された。絵本や児童書があるだけでなく，紙芝居の上映などおはなし会も行われ，戦後の児童サービ

スの出発点となった。このような米国の図書館サービスに影響を受ける形で，全国各地で公共図書館が復興し，日本の図書館界から新しい図書館の模索が始まっていったものの，児童サービスはなかなか普及しなかった。

そのような中で1950年代から民間のボランティアによる子ども文庫が各地につくられ，独自に子どもの読書環境を整える活動が進められていった。子ども文庫は，公民館や自宅の一室を開放して，子どもたちに読書の場を提供するだけでなく，公共図書館で児童サービスを実施するよう働きかけも行った。石井桃子は，子ども文庫のひとつ，かつら文庫を運営し，その活動をもとにして，『子どもの図書館』（岩波書店，1965）を出版したが，その内容は文庫活動にも公共図書館の児童サービスにも大きな影響を与えた。

1970年には，1963年の『中小都市における公共図書館の運営』の発表とそれに基づく公共図書館の発展が土台となった『市民の図書館』が日本図書館協会から出版された。この本は日野市立図書館の実践をもとにした中小規模の公共図書館のための指針書で，三点の重点目標のうちの一点を児童サービスとして掲げている。このような専門職団体の動きもあり，日本の公共図書館は1970～1980年代に急速に発展していくこととなった。

（3）児童サービスに対するニーズの変容

1980年代には，貸出やおはなし会を中心とする公共図書館の児童サービスはかなり盛んになっていたが，経済的不況の中で公共サービスが縮小され始めた1990年代になると，十分な財源が確保できず，人的資源の確保，資料費の確保などの面でサービスの充実に困難をきたす図書館も多く登場してきている。

同時に，社会的なニーズの変容に合わせたサービスのありかたも求められるようになっており，1990年代半ば以降では次のようなニーズが主に見られる。

①インターネット社会に対応するサービス……公共図書館は，地域における情報提供の機関として，インターネットが普及すると，図書館でインターネットにアクセスする環境の整備とその課金の是非が論じられるようになったが，現在ではアクセス権はごく一般的となり，それに合わせて，子どもたちの情報

リテラシー教育が求められるようになってきた。それに伴い，図書館においても，子どもたちの情報利用に関する支援の模索が始まった。

　②ハンディキャップのある子どもたちへのサービス……ハンディキャップのある子どもたちへのサービスは公共図書館では以前から行われてきたが，その多くが身体のハンディキャップに対するものであった。近年では，発達上のハンディキャップをもつ子どもたち，とりわけ学習障がいのある子どもたちへのサービスが模索されるようになり，特に読み書きに困難があるというハンディキャップを指すディスレクシアに対する図書館サービスへの関心は高まってきている。オランダや米国ではすでに公共図書館におけるディスレクシアへのサービスは始まっているが，日本においては今後の課題となっている。

　③子育て支援……2000年以降，育児関係の資料を揃え，子育て支援図書館を掲げる図書館が増えてきている。妊娠時の知識から思春期の子どもに関することまで幅広い育児関係の資料を揃えるだけではなく，図書館内外の育児関連の催し物の案内や他の保護者との交流を持つための情報など，提供する情報は多岐にわたっている。また，子連れで図書館が利用しやすいように，赤ちゃんが〈はいはい〉することのできる閲覧スペースや，授乳やおむつがえのための施設を整えるところが増えていることも特徴であり，社会的に子育て支援の必要性が述べられ，さまざまな施策も行われるようになった中で，図書館も社会的なニーズに合ったサービスをはじめている。

　図書館は常に社会のニーズに合わせて変革していく必要のある機関であり，児童サービスもその例外ではない。図書館は，ニーズの変容に合わせて，図書館自身も発展していくことで，その存在意義を持つことができるのである。

3．子ども読書活動推進計画と児童サービス

（1）子ども読書活動推進の歴史的背景

　子どもの読書活動については，比較的早くから社会的な動きがあった。大正

時代には，大正自由教育の流れを背景に私立学校を中心に読書教育・図書館教育が盛んになった。第二次世界大戦後には，子ども文庫活動が盛んになり，子どもたちの読書活動を民間から支えると共に，公共図書館の児童サービスの発展に寄与した。1980年代には，国語科教育において読者論に基づく読解指導が注目され，個々の読みを重視する教育が試みられた。

　このように，かなり早い時期から，学校教育・社会教育・一般社会の中で読書の重要性は注目されており，本格的な読書活動推進が実施される素地はできていたといえるだろう。

（2）子ども読書活動推進計画の概要

　日本で，子どもの読書活動推進の行政施策が本格的に始まるのは2000年からである。2000年が子ども読書年とされたことに始まって，この一連の動きの要となる「子どもの読書活動の推進に関する法律」（平成13.12.12　法律第154号）の制定とそれに伴う2002年の「子どもの読書活動の推進に関する基本的な計画」の閣議決定が行われ，この法律や計画に伴って，各都道府県・市町村がそれぞれの子どもの読書活動推進計画を策定していった。また，2002年の「子どもの読書活動の推進に関する基本的な計画」に基づいて実施された読書活動推進の施策の成果に対する評価をもとに，2008年3月には「子どもの読書活動の推進に関する基本的な計画【第二次】」が閣議決定された。

　「子どもの読書活動の推進に関する法律」では，その第2条の基本理念で次のように記している。

　　（基本理念）
　　第2条　子ども（おおむね十八歳以下の者をいう。以下同じ。）の読書活動は，子どもが，言葉を学び，感性を磨き，表現力を高め，創造力を豊かなものにし，人生をより深く生きる力を身に付けていく上で欠くことのできないものであることにかんがみ，すべての子どもがあらゆる機会とあらゆる場所において自主的に読書活動を行うことができるよう，積極的にそのための環境の整備が推進されなければならない。

ここでは，子どもたちの自主的な読書活動を支援するために，環境整備を推進することがうたわれ，第3〜7条で，それを実現するための国の責務（3条），地方公共団体の責務（4条），事業者の努力（5条），保護者の役割（6条），関係機関等との連携強化（7条）が定められている。国や地方公共団体だけではなく，出版社を中心とする事業者が子どもの読書を充実させるための出版物を刊行していくこと，保護者が家庭において，子どもたちの読書を支援する役割を持つことも明記されている。しかし，地方公共団体が負うべき責務としての学校図書館の充実がなかなか進まないこと，子どもの読書活動の推進における保護者の役割は各家庭に任せられている部分もあり，その充実が難しいことなどが，この10年の間に課題として浮き彫りになってきている。

そのため，「子どもの読書活動の推進に関する基本的な計画【第二次】」では，2002年に策定された基本計画を見直す際に，学校図書館や家庭の役割の重要性についても大きな課題として言及している。

この第二次計画では2002年の基本計画に沿って，以下の取り組みが進んだとしている。

①全都道府県において「都道府県子ども読書活動推進計画」が策定されたこと。
②公立図書館と連携する学校が大幅に増加したこと。
③12学級以上の学校のほとんどで司書教諭が発令され，また，ボランティアとの連携が進んだこと。
④学校図書館における図書数のある程度の増加と目録データベース整備の促進されたこと。
⑤2002〜2006（平成14〜18）年度に「子どもゆめ基金」により，子どもの読書活動を支援する1,685団体への助成が行われたこと。

また成果としては，ⅰ不読者の減少傾向，ⅱ公立図書館における児童書の貸出冊数増加・児童の帯出者数増加，児童室のある図書館の増加，ⅲ全校一斉の読書活動の増加，の3点が挙げられている。

これらをもとに，第二次計画では，新たな課題として次の4点を挙げている。

ⅰ小学校，中学校，高等学校と学校段階が進むにつれ，不読者が増加すること，ⅱ地域差が顕著であること，ⅲ学校図書館資料の整備が不十分であること，ⅳ子どもたちの読解力の低下が見られること，である。また，改定の内容として，家庭における取り組み，地域における取り組み（子どもの読書環境の地域格差の改善，公立図書館の情報化の推進，公立図書館に係る人材の養成），学校における取り組み（学校段階に応じた読解力の向上，学校における条件整備）などが挙げられている。

しかし，公的な学校図書館とは違い，家庭は千差万別であるだけではなく，個々の家庭の方針に国や地方公共団体がみだりに口を出すことは憚られる面もあることから，家庭の取組の促進は主に啓発の方法が取られている。そのひとつの形として，2011年には，乳幼児期から学童期への継続的な読書の重要性を広く知らせるために，文部科学省は家庭向けの啓発資料〈絵本で子育てを楽しく〉を発行した[6]。

現在は，各都道府県だけではなく，市町村における子ども読書活動推進計画の策定も進み，早くから取組を進めている自治体では，第二次計画の策定をしたり，準備を始めたりしている。

（3）子ども読書活動推進における児童サービスの役割

子どもの読書を推進していくにあたって，公共図書館の児童サービスは重要な役割を担っている。なぜならば，子どもの読書環境を整えるもっとも基本的な公共サービスであるからである。子どもの読書や学習のためのよりよい環境を整えるという基本的な考え方はわかりやすいが，難しいのは，その役割をどのように具体化していくかである。

図書館は，子どもの図書館離れが進んでいると言われる中で，利用者をどう増やしていくのかを考えなくてはならない。また，利用者にサービスをするにあたっても，児童サービスのためのコレクション構築は，現在の方向性で子ど

6：文部科学省．"絵本で子育てを楽しく"．PDF，http://www.kodomodokusyo.go.jp/yomikikase/pdf/fullset.pdf，（参照2012-04-27）．

もの読書環境の整備ができているといえるのか，メディアの多様化にはどのように対応していけばよいのか，など，図書館内のサービス面で模索しなくてはならないことがたくさんある。

さらに，子どもの読書活動推進が政府の施策として社会全体で行われているため，他の機関とどのように連携していくかが大きな課題であるといえるだろう。さまざまな連携が考えられるが，優先度の高い連携として以下の二つが考えられる。

a．地方自治体のブックスタート事業担当部門との連携

2001年から日本でもブックスタート事業が開始されているが，ブックスタートは，乳児の時に一度プレゼントをもらったり，イベントに参加したりするだけで終わるものではなく，子どもの発達段階に合わせ継続的に読書支援をしていくことが重要である。ブックスタート事業の時には，保健所でサービスを受ける親子も，継続的な支援を受けるに当たっては現状では図書館が適切な機関となっている。英国のブックスタートは図書館との連携が進んでいるのに対して，日本のブックスタート事業における図書館の役割の定着はまだ十分ではない。

日本のブックスタート事業においては，0歳児のみを対象に乳児検診時に1回だけサービスを行い，かつその取り組みをボランティアスタッフに頼っている自治体も現在少なくない。今後図書館がどのように保健所と連携し，ブックスタート事業を発展していくかがこれからの課題であるといえるだろう。

b．学校図書館との連携

2011～2012年度から施行される学習指導要領では図書館の利用も重視したカリキュラムが提示されている。しかし，現在の学校図書館は図書購入費の少なさや専任の専門職の不在など多くの問題を抱えており，子どもたちの読書や学習の支援をするには十分ではないケースが多い。そのため，学校図書館の中には公共図書館の支援を受けてサービスをするところも多く，資料の提供だけのところから，人材の育成や授業に深く関わって公共図書館が支援をしているところまで，さまざまな事例が見られる。学校図書館が今後充実していってもこ

の連携は価値のあるものであり，現在学校に通っている子どもたちの支援のためにも，早急な連携の普及が望まれるものである。

　学校図書館との連携に関しては，学校図書館支援センターを教育委員会や公共図書館に設置して，地方自治体内での連携を強める事例が増えてきている。このように公共図書館はその内外において子どもの読書活動支援のために中心的な役割を果たすことができるものであり，連携の充実も含め，読書支援の方法の模索も欠かせない機関である。

3章　児童サービスの種類と内容

1．児童サービスの種類

　一言で児童サービスといっても，子どもたちを対象として実際に行われる図書館サービスは多様である．本節では，(1)フロアワーク，(2)貸出，(3)予約・リクエスト，(4)レファレンスサービス，(5)読書相談の五つに分けて解説する．

(1) フロアワーク

　フロアワークは，カウンター以外の館内で行われる業務の総称であり，カウンターから離れて，利用者からの質問や相談を受けることができるというメリットがある．利用者はカウンターに行かなくても気軽に図書館員に声をかけることができることから，多様なサービスのきっかけをつくりだすことができると考えられる．そのため，戦後，公共図書館が発展する中で書架スペースが広くなっていくにしたがって，フロアワークが注目されるようになってきた．子どもの利用者は自分からカウンターに質問に行くことを思いつかなかったり，気後れしたりすることも多く，児童サービスにおいてフロアワークは特に重要視されている．

(2) 貸出

　貸出・返却の作業は，最近はコンピュータ化されており，作業も簡単になっているだけでなく，自動貸出機なども登場している．しかし，本来貸出サービスは単なる作業ではなく，利用者がもっとも図書館員に声をかけやすいタイミングであることから，読書や調べ物の相談にのるきっかけをつくる大切な機会

である。特に子どもの場合は，自分からレファレンスカウンターに行く，といった行動を取れない場合も多いため，利用者である子どもたちをよく観察し，適切な声かけをしていくことも図書館の利用促進に役立つサービスである。

（3）予約・リクエスト

　予約・リクエストは，利用したい資料が図書館にない場合，申し込みをしてもらい，その資料を後日提供するサービスである。当該図書館にある資料が貸出中などの理由で後日提供するのを予約，当該図書館にない資料を購入して提供するサービスをリクエストと呼んで区別してきた。しかし，インターネットの発展に伴うOPACの普及により，同一地域内の図書館資料の総合目録化が進んだことなどによって，図書館間の相互貸借が進み，この相互貸借の充実によって，予約とリクエストの区別は必ずしも明確ではなくなってきた。この相互貸借の充実は，図書館利用の利便性を上げる上で役立っている一方，相互貸借で多くの本を共有できるという理由で各図書館におけるコレクション構築の充実度を下げることになり，かえって資料選択の際のブラウジングや入手速度の点で図書館利用者の利便性を下げることにもなりかねないため，注意が必要である。

　なお，子どもが予約・リクエストサービスを利用することの是非については，1970年代後半に子どもの関心の持続力や求める資料の質の点から論争が起きたが，現在は子どもも大人と同様図書館サービスを受ける権利主体として，明確なサービスの対象となっている。

（4）レファレンスサービス

　レファレンスサービスは，図書館の重要なサービスの一つ，情報サービスの一環である。図書館利用者が情報を求めたり，資料を探索したりすることを支援するものであり，直接サービスと間接サービスに分類される。直接サービスでは，利用者の資料探索や情報探索に関する質問に答えたり，情報の所在を教えたりするが，利用者が子どもの場合，そのレファレンス質問が宿題に関連し

ていないかどうかに注意する必要がある。レファレンスサービスにおいては宿題の答えを教えないのが原則であり，宿題に関する質問については，答えそのものではなく，答えの探し方である情報探索や資料探索の方法を指導・支援するのが望ましい。しかし，実際には学校との日頃からの連携がなければ，宿題を把握したり，適切な方法でサービスを提供することは難しく，今後の学校との連携の進展が課題となっている。

　ここに挙げた宿題支援は，子どもたちへの図書館サービスの柱の一つである。2002年度の学習指導要領改訂以降は調べ学習の宿題が特に増え，2011年度から順次本格実施されはじめた学習指導要領では，さらに積極的な図書館利用を求めている。これらの宿題には図書館の利用支援が有用であるものの，子どもたちが自らの情報ニーズを的確に理解しているとは限らないことや，事前に十分な資料を図書館側が準備することの必要性などから，各学校との連携がないと図書館は充実した支援をすることができない。しかし，現状では，学校との連携が十分に取れている公共図書館はまだあまり多くなく，その連携を強めていくのが今後の課題である。

　間接サービスでは，カレントアウェアネスサービスなど利用者の希望する主題について常に新しい情報を提供していくサービスなどもあるが，子どもたちが利用者である場合，より基本的な視点のサービスも必要である。たとえば小学校低学年・中学年では，参考図書そのものの利用方法から教えなければならないが，公共図書館においては，利用者が不特定多数であり，その支援方法は，個別の利用者のニーズに応じて利用方法を教える方法と，パスファインダー（図書館の特定主題の情報源やその探索方法を簡潔にまとめたもの）を作成して利用者に提供する方法があり，その双方を組み合わせるのが有効である。

　また，現代社会においては，子どもに対しても情報リテラシー教育は重要性を増しており，そのためにもレファレンスサービスにおける情報探索サービスは情報リテラシー教育との連携を図りながら，サービスの方法を模索していく必要があるといえるだろう。

■**宿題支援の海外事情**　　図書館の電子化が進むにつれて，宿題支援を Web

上で行う図書館が登場し始めた。ニュージーランドでは2006年にはチャットレファレンスを通じた宿題支援を始め，2011年現在では，ニュージーランド国立図書館のサイトからアクセスすることができる。

　米国でも，複数の州で宿題支援を始めている。2008年のアメリカ図書館協会・フロリダ州立大学共同の公共図書館の運営資金および技術アクセス（主にインターネットサービス）に関する調査の結果によると，調査の時点で米国内の8割以上の公共図書館がインターネットサービスを通じて宿題支援を行っている。

（5）読書相談

　〈読書相談〉というサインをかかげている図書館は日本では少ないが，実際には，テーマ展示やおすすめ図書リストの配布などを通じたサービスが実施されている。しかし，このようなサービスは，各利用者のニーズに応える形ではないために厳密には読書相談とは概念的に区別されている。また，次に何を読むべきか，といった指導ではなく，あくまでも個々のニーズを持つ読者への支援であることから，読書指導とも区別される。児童サービスの場合，子どもたちの読書経験も少なく，読書材を選択する力も十分ついていないことが多いため，読書相談は大きな力を発揮するものであるが，現状では子どもたちからの積極的な利用も少ないことから，カウンターワークやフロアワークで図書館員側から声をかけたり，子どもたちのちょっとした反応をきっかけにしたりしながら実施している。

2．さまざまな行事

（1）行事の種類と概要

a．おはなし会

　おはなし会は，児童サービスの一環，そして公共図書館の集会活動の一環と

して行われるサービスであり，子どもたちを対象にして，読み聞かせ，ストーリーテリング，ブックトーク，ペープサートなどを通常組み合わせて行うプログラムである。子どもたちに読書の楽しさを伝えるのに，もっとも基本的かつ頻繁に実施されている方法である。

　公共図書館でのおはなし会はもっとも一般的であるが，参加者が不特定多数であるための難しさも抱えている。具体的な課題としては，ある程度発達段階別におはなし会を開催しても，参加者の年齢がばらばらであったり，読書経験の個人差が大きかったりすることから参加者のニーズにぴったりあった内容を実施することが難しいことや，子どもの年齢が上がるにつれて参加者が少なくなってくることなどがある。おはなし会を社会の中に浸透させるためにも，児童図書館員による一層のおはなし会の知識や技術の向上が求められている。

b．読み聞かせ

　読み聞かせとは，絵本や作品を読んで聞かせることである。近年では，使役用法である〈読み聞かせ〉という語を避けて，読み語りやお話など，別の呼び方をすることもあるが，ここでは，もっとも一般的に知られている〈読み聞かせ〉の語に統一して使用する。

c．ストーリーテリング

　ストーリーテリングは，絵本などを使わずに言葉だけでお話を語ることを指す。言葉で物語を語るという行為は，文字のない時代から人類の中で行われてきたものであり，書物が現在ほど発展していなかった時代には，部族の中で歴史や文化を語り伝えていくための重要な方法であった。中世以降も，吟遊詩人などを通じて口承文化としての伝統を持ち，さまざまな形で発展してきた。書物が定着してきた近代以降においても，語りの世界は昔話などを通じて受け継がれてきた。図書館におけるストーリーテリングは，20世紀初めにニューヨーク市立公共図書館に児童図書館員として勤めたアン・キャロル・ムーアが定着させたと言われている。

d．ブックトーク

　ブックトークは，一つのテーマのもとに，多様なジャンルの本を紹介し，読

書を促進するプログラムである。

　ブックトークという言葉は米国で1930年頃，初めて登場したが，その時は，まだ専門用語としては定着しておらず，'talks about books' や 'book talks' という言葉が使われていた。20世紀の半ばを過ぎる頃には次第に図書館司書の専門的な仕事として認識されるようになり，1960年にアメリカ図書館協会が出版した『公共図書館のヤングアダルトサービス』（*Young Adult Services in Public Libraries*）では，図書館司書の重要な活動のひとつとして位置づけられたことがうかがえる。1980年に発行された『ブックトーク』（*Bodart, Booktalk!*）では，初めて一語になっていることから専門用語として確立したといえるだろう。日本には1959年に初めて紹介された。

e．ペープサート

　ペープサートは，ペーパーシアターをもとにした日本の造語で，現在の平絵タイプの紙芝居の前身である立絵がもとになった紙人形劇のことを指す。紙で作った登場人物等に長い棒を付け，その人形を自在に動かして演じるものである。布で本格的な人形をつくるよりも簡単に準備できるのが特徴であるが，作成のときには，演じるときの動きを想定しながら作っておかないとならないことに注意しなければならない。単独で一つの作品を演じる以外に，ブックトーク等で小道具として利用することもできる。

f．パネルシアター

　パネルシアターは，1973年に古宇田亮順によって考案された演じ方の手法である。パネル布と呼ばれる布を舞台として使い，接着剤等を使わずにPペーパーと呼ばれる不織布でつくった人形を自在に貼ったりはがしたりして演じる。白いパネル布を利用する一般的なパネルシアターの他に，黒いパネル布とブラックライトを利用し，蛍光絵具などで描いた絵を浮かび上がらせるブラックパネルシアターがある。

　現在は，小学校や保育所・幼稚園など比較的年齢の低い子どもたちを対象に実施されることが多いが，利用方法によっては年齢の高い子どもたちや大人を対象としたサービスにも利用できる（3-1図）。

3-1図 パネルシアター「みんないっしょに絵本の会」（生駒市中央公民館図書室〔現・たけまるホール図書室〕2011年4月）（生駒市図書館提供）

g．エプロンシアター

　エプロンシアターは，1979年に中谷真弓によって考案され，エプロンを舞台にし，エプロンのポケットを舞台の袖として使う演じ方である。作品さえつくっておけば，おはなし会のための部屋を別に設けることができないときにも，人形を使って簡単に演じられることから，図書館や保育の現場で主に乳幼児を対象に活用されてきた（3-2図）。

h．紙芝居

　紙芝居は，日本で生まれたプログラムである。その源流は江戸時代の

3-2図　エプロンシアター「○△□なーにかな？」（牛久市立中央図書館提供）

のぞきからくりにあると言われ，明治時代には〈立絵〉と呼ばれる現在のペープサートのように登場人物ごとの紙人形を動かして演じる紙芝居が登場し，20世紀前半には現在の紙芝居に近い，場面ごとに絵が一枚ずつ描かれている〈平絵〉が登場した。〈立絵〉を演じるには技術が要ることから，〈平絵〉に移行していったといわれている。

〈紙芝居〉はその名称からもわかる通り，紙の上で行う演劇であり，そのため演じるには必ず舞台に入れる必要がある。舞台に入れることによって，少しずつ「ぬく」ことや前後に揺らすことや該当する絵を舞台の中で回すことなどによって，絵本とは違う動きを使って演じることが可能になる[1]。

i. 読書会

読書会は，年齢にかかわらず実施できるプログラムであり，子ども向けの読書会も，岩見沢市立図書館（北海道）や尾鷲市立図書館（三重県）などで行われている。

従来の読書会は，1冊の同じ本を皆で読んできて議論し合うテキスト読書会と，一つのテーマのもとにメンバーがそれぞれ自分の選んだ本を読んできて紹介しあったり，議論しあったりするテーマ読書会という2種類の方法がメインであった。しかし，近年は，従来の読書会では子どもたちが集まりにくくなったこともあり，感想文の書き方を指導したり，読んだ作品をもとに何かをつくったりするなど，さまざまな工夫がこらされている。

子ども読書会のメンバーとしては，ほぼ同年代の子どもたちが集まって行う場合と親子で参加する親子読書会の方法がある。本来，読書会は10代の子どもたちの方が低年齢の子どもたちよりも充実した内容で実施できると考えられるが，実際には10代の公共図書館利用は少なく，読書会なども成立しにくいのが

1：実践のための主な参考文献を以下に紹介する。
　・ときわひろみ．手づくり紙芝居講座．日本図書館協会，2009，194p．（JLA図書館実践シリーズ，11）．
　・酒井京子，日下部茂子．紙芝居を演じる．図書館流通センター，2003，48p．（図書館ブックレット，あなたにもできる実技編1）．
　・まついのりこ．紙芝居の演じ方Q&A．童心社，2006，95p．

現代の課題である。

j．読書へのアニマシオン

　読書へのアニマシオンは，スペインのモンセラット・サルトが提唱した読解力・読書力向上のための方法論である。

　アニマシオンとはラテン語を語源とし，魂を生き生きとさせ，心身を活性化させることを意味しており，教える・学ぶということを中心とするエデュカシオン（教育）に対し，遊びや文化活動を通して，おもしろさや楽しさを追求することを通じて，人間の成長を促すという概念を持っている。言葉自体は，このプログラムで初めて登場したわけではなく，第二次世界大戦後のヨーロッパ社会において文化のもつ力を戦後復興に役立てようと，人間の主体性と精神面を大切にする概念である社会文化アニマシオンとして登場した。

　この考え方を引き継ぎ，読書へのアニマシオンでもゲームを中心とする手法を子どもの発達段階別に開発し，抽象的な思考を伴う言語を媒介とする読書の力を向上することを目的としている。ゲームは，本の内容を理解するだけではなく，情報を的確にとらえたり，批判的・創造的に読書をしたり，読書を楽しんだりするためで，その手法が「作戦」という呼称で数多く提供されている[2]。

k．科学あそび

　科学あそびは，図書館にある科学実験の本や科学読み物を利用しながら，実際に子どもたちと科学実験などをするプログラムである。子どもたちが読書の世界を広げていくうえで，物語だけではなく，伝記や歴史物語，ドキュメンタリー，科学読み物などのジャンルも重要である。近年は，10代の科学離れも社会的な課題として取り上げられることが多い中で，2010年には〈理科読〉という言葉が登場するなど，科学読み物への注目が高まっている。公共図書館の児童サービスにおいて歴史のある科学あそびは，このような社会的状況の中で，

2：実践のための主な参考文献を以下に紹介する。
　　・Sarto, Montserrat. 読書で遊ぼう　アニマシオン：本が大好きになる25のゲーム．佐藤美智代，青柳啓子訳．柏書房，1997，155p．
　　・Sarto, Montserrat. 読書へのアニマシオン：75の作戦．宇野和美訳．柏書房，2001，317p．

（2）行事の意義と役割

　これらの行事は常に図書館の利用促進，読書や学習支援の一環として行われるものであり，子どもたちが行事そのものを楽しむと同時に，本来の目的にも近づけるように図書館は常に意識しておかなければならない。

　近年は，行事だけが切り離され，ボランティアによって実施される例も見られるが，本来貸出や読書相談・レファレンスサービスなどの図書館サービスと深く関連してこそ，役割を果たしているということができるであろう。

3．おはなし会の意義と方法

（1）おはなし会の意義

　おはなし会は，子どもたちの読書への水先案内人としての役割を果たす。おはなしそのものを楽しむだけではなく，まだ未知の世界の多い子どもたちに，新しい読書の可能性を広げ，新しいジャンルやテーマの本を読もうと考えるきっかけを提供する。いかに魅力的なおはなし会をするかによって，その効果は変わってくるものであり，そのためにも，児童図書館員がその方法と技術を身につけておくことが必要である。

　以下では，前述の行事のうち，特に読み聞かせ，ストーリーテリング，ブックトークについて，どのような準備をすればよいかについて解説する。

（2）読み聞かせの準備と技術

　読み聞かせの意義については，多くの文献に書かれており，その内容は次のように整理できるだろう。

　①読み聞かせは，親やその他の身近な人から直接読んでもらえることで，その内容である物語などに，誰かと共に過ごした時間の想い出が加わり，読

書に対するプラスのイメージを醸成することができる。
②ノンフィクションなどの場合，読んでくれる人や一緒に読んでもらうきょうだいとの会話が進むことでその本のテーマに対する興味が広がり，科学や社会に対する関心を育てることができる。
③言語は優れたコミュニケーションであると同時に，記号で形成されたきわめて抽象性の高いツールである。それを使いこなす豊かな言語能力の育成のためには，言語体験の積み重ねが欠かせない。現実生活の中と物語世界の中の両方での言語体験が，より豊かな言語能力の育成につながる。
④イメージする力は読書において重要な役割を果たす。文章を理解することに加えて，そこに描かれた情景や登場人物の心情をイメージすることができて，初めて読書を楽しむことができる。そのイメージする力は子どもたちが現実世界を生きていくうえでも重要であるため，読み聞かせを通じてイメージする力を育成することが必要である。

読み聞かせとは，前述のように絵本や作品を読んで聞かせることであるが，絵本の絵を見せながら読む場合だけでなく，絵を見せずに本を朗読することも，読み聞かせに当たる。絵本を読み聞かせる場合には，絵を見せながら読むため，松岡享子は次のことに気をつけて絵本を選び，また読み聞かせるとよいとしている[3]。

a．読み聞かせに適した絵本の条件
①グループに読んで聞かせる場合は，すべての子どもに絵がよく見えるように，ある程度の大きさが必要であり，優れた絵本であっても読み聞かせには利用できない場合もある。絵が遠くからでもよく見えるように，絵柄がはっきりしている必要もある。
②絵と文の割合のバランスがよく，一場面に対する文の量はなるべく少なく，

---

[3]：実践のための主な参考文献を以下に紹介する。
・松岡享子．絵本を読むこと．東京子ども図書館，1973，（たのしいお話）．
・Trelease, Jim．読み聞かせ：この素晴らしい世界．亀井よし子訳．高文研，1987，268p．

話についていく子どもの心の動きと場面の変化のペースがちょうど合うことが望ましい。

③できるだけ物語の進展にそった場面割がなされており，原則的には見開きに一場面というのが，読み聞かせには適している。

b．**読み方**

①読み手は，どの子どもからも絵本が見えるような位置に立つか座るかし，体の前，もしくは横に，子どもから常に絵が見えているように持ったまま読む。

②子どもたちから常に絵がよく見えるように開き癖をつけておき，ページをめくるときは，手をできるだけ絵本の上か下にかけるようにして，腕で絵を隠さないように気をつける。また，物語が勢いよく流れているところでは前もってページのはしに手をかけておき，スムーズにめくれるように準備しておいたり，途中で見開きの絵がタテヨコに変わる場合には，ページをめくると同時に本を持ちかえるようにしたり，と気を配り，ページをめくるのもお話のうちであることを忘れないようにする。

③お話の流れによって読む速度やページをめくる速度を変える。

④ページをめくった瞬間は文章を読まず，子どもたちが絵を見るほんの少しの時間を取りながら，読み始めるようにしたり，絵と文の組み合わせがうまくいっていない絵本については，読むときに調整をおこなったりするとよい。

■**学習到達度調査 PISA**　OECD加盟諸国で2000年から3年ごとに実施されている児童・生徒の学習到達度調査であるPISA（Programme for International Student Assessment）の結果において，フィンランドの学力が高く，そのフィンランドでは小学校卒業くらいまでは親が子どもに読み聞かせをする習慣があることから，日本でも2000年以降子どもの読書推進への取組が行われる中で，読み聞かせへの注目が高まってきている。

(3) ストーリーテリングの準備と技術

　現代におけるストーリーテリングの準備と語り方について，ユーラリー・スタインメッツ・ロス（Eulalie Steinmetz Ross）は以下のような4段階を示している[4]。

a．話を選ぶ

　話を選ぶに当たっては，自分の好きな話，親しみのある話の方が語り手に心がこもり，聞き手に伝わりやすくなる。また，ストーリーテリングに適した話とは，「ほどよいサスペンスをたもちながら，力強いクライマックスまでのぼりつめる，ふとい話の筋が一本通った物語」であり，登場人物の描写よりも，その人物の行為を語っており，言葉はなるべく少なく，実体をもった名詞や行動を示す動詞を主にした話であるとしている。

　ロスだけではなく，ストーリーテリングにおいて，しばしばこの点が重要視されてきた。それは，ストーリーテリングが耳から聞く話であることから，読む場合と違って，個人の理解に合わせて聞きなおしをすることができないため，できるだけ単純で具体的な話の筋を中心に追い，人物描写や背景描写などは聞き手がそれぞれ肉付けしていくのが望ましいからである。耳で聞いて，物語を理解でき，それを肉付けして楽しむことができるためには，物語の構造ができるだけ単純であることが望ましい条件である。

　ロスはこの条件が十分に備わっているのは，それ自体が口承文化として受け継がれてきた昔話であるとして，しかもすぐれた再話者の物を選ぶのが好ましいと述べて，いくつかの文献を紹介している。日本では，ストーリーテリング

4：実践のための主な参考文献を以下に紹介する。
　・Ross, Eulalie Steinmetz. ストーリーテリングについて．山本まつよ訳．子ども文庫の会，1995．（ストーリーテリングシリーズ，1）．
　・Shaw, Spencer G. ストーリーテリングの世界　スペンサー・G・ショウの考え方．竹内悊編訳．日本図書館協会，1999．
　・Shaw, Spencer G. ストーリーテリングの実践．伊藤峻，竹内悊編訳．日本図書館協会，1996
　・Colwell, Eileen. 子どもたちをお話の世界へ．松岡享子他訳．こぐま社，1996．

用に優れた再話のテキストを編集した文献『おはなしのろうそく』（東京子ども図書館編）が出版されているので，実践の際に利用することができる。

b．話を覚える

おはなしを覚えるにあたっては，ただ暗記するのではなく，まるで自分の中にある話を語っているかのように自然に話せるようになるまでよく覚えなくてはならず，また，作者や再話者の言葉を一つひとつ大切にして，そのまま覚えることによって，その文学のスタイルを伝えることができるとしている。声に出して練習することによっても，その話を自分のものとすることができる。

c．話を聞く準備

語る側だけの準備だけではなく，聞く側の準備も重要であり，ストーリーテリングの成功には以下の点が欠かせない。

一点目は，子どもたちが楽な姿勢で聞けるようにすることである。暑過ぎたり，寒過ぎたりしないよう，コートを脱ぐなど，衣服の調整をするよう促すことも必要である。楽な姿勢でなければ，なかなかお話に集中できないからである。

二点目は，他のことに気をとられないお話のための部屋を用意することである。換気をよくし，光が子どもたちの目に当たらないようにする配慮も大切である。これも，子どもたちの気が散るのを防ぐために必要である。

三点目は，ストーリーテリングの導入として行う〈はじまりの儀式〉である。いろいろな方法があるが，もっともよく行われているのが，ろうそくに火をつける方法であり，ロスは以下のように説明している[5]。

> 子どもたちが楽な姿勢でイスにすわったら，お話を聞く準備のしめくくりとなる，ちょっとした儀式めいたことをすると，効果的です。わたくしの「お話の時間」には，願いごとをするロウソクに火をつけることにしています。子どもたちとわたくしがじっとロウソクの火を見守っているうちに，ざわめきがしずまって，しんとなります。ロウソクの火がついてほのおが燃えたつ瞬間には，なにかふしぎな魔法的

5：Ross, Eulalie Steinmetz. ストーリテリングについて. 山本まつよ訳. 子ども文庫の会, 1995, p.13-14.

なものがあります。ほのおが高く上がるまでには，子どもの心に話を聞く用意ができ，わたくしにも話をする準備ができます。話が終わると，もちろん，ロウソクは―めいめいが心になにかを願ううちに―吹き消されます。このときも，火をつけるときと同じくらいふしぎな感じがしますが，最初のときにくらべ，気もちはずっと昂揚しています。

このろうそくの火を灯すことは，日常的な電気の光から，非日常的なろうそくの光になることで，お話の空間自体を変える作用がある。そのため，お話の時間が始まるという声かけだけで，集中できる年齢の子どもたちになっても，〈はじまりの儀式〉は大きな価値があるといえる。

d．話を語る

語るときに重視するべきことについて，ロスは⒤ゆっくりと語ること，⒤⒤単純に語ること，⒤⒤⒤心をこめて語ること，の3点であるとしている。一点目のゆっくりと語ることは，言葉だけで語られる物語に聞き手がついてこられ，かつ物語を楽しめるために必要である。二点目の単純に語ることも同様で，複雑に事柄が入り組んだり，時間が行ったり来たりすると，聞き手は物語をイメージしにくくなる。三点目は，心のこもった語りは物語を豊かにする作用があり，その魅力を増すことにつながる。

ストーリーテリングは，伝統的でありながら，図書館のプログラムとしてはまだ約100年の歴史しか持っていないものであり，実際には読み聞かせやペープサートなどに比べ，難しいと考えられているせいか，実施している図書館は比較的少ないのが，現在の課題である。

（4）ブックトークの準備と技術

ブックトークにおいて重要な要件は以下のとおりである[6]。

6：実践のための主な参考文献を以下に紹介する。
　・全国SLAブックトーク委員会編．ブックトーク―理論と実践．全国学校図書館協議会，1990．
　・岡山市学校図書館問題研究会編．ブックトーク入門．教育資料出版会，1986．
　・北畑博子．いつでもブックトーク―構想から実施まで8つのポイント．連合出版，2001．

① 図書館において，ブックトークに関する専門的訓練を受けた者が行う教育活動であり，図書館における図書の利用を促進することが重要な目的である。
② 特定のテーマについて，多様なジャンル・多様な視点の本を数冊紹介し，聞き手にとって未知の世界を紹介する役割を果たしたり，今まであまり読んだことのなかったジャンルへの関心を引き出したりする。
③ 紹介する本を審査するのではなく，その本が魅力的であることを話し手が確認し，それを基本に多様な本を紹介していくものである。
④ ブックトークの目的は，あくまでも多様な本を紹介し，その本を読むことを促進するものであるので，ブックトークそのものがおもしろすぎて，ブックトークに対する信頼を失うことがないようにしなければならない。

ブックトークについては，以下の流れで準備と実施をするのが一般的である。

a．対象の年齢やニーズを把握する

ブックトークを行うときには，まず対象の年齢とニーズを把握し，それによってテーマや紹介する本の目安をつける。対象年齢の発達段階や男女比，またその関心やニーズを把握することは，ブックトーク成功のための第一歩である。

b．テーマを設定する

テーマは，対象者の関心を考えながら設定する。その年齢で流行っているものやカリキュラムの中でブックトーク実施時に近い時期に学んだテーマ，社会的に注目されている事象などを手掛かりに選ぶとよい。また，〈新しく入った本〉〈入門の本〉などの状態や形式を表すテーマは，内容に一貫性を持たせることができないため，ブックトークのテーマには向かない。

c．紹介する本を選択する

対象年齢の発達段階を考えながら，多様なジャンル，多様な視点の本を選ぶ。また，難易度も対象年齢にちょうど適したものだけではなく，少し難しめの本と易しい本を混ぜて，さまざまな子どもたちの読書能力に合わせるようにするとよい。

d．紹介の流れをつくる

　まずテーマにぴったり合う中心となる本を決める。次に1冊目に紹介する本と最後に紹介する本を決める。1冊目については，ブックトークにすんなり入っていけるような本を選ぶのがよい。最後の本については，ブックトーク全体の印象を決める本となるので，できるだけテーマのポイントをおさえ，またリアリティのある本が望ましい。個々の本の紹介は，同じようにならないように，ストーリーの紹介，著者の紹介，時代背景の紹介，部分的な読み聞かせ，クイズなどを入れた参加型の案内など，多様な紹介方法を組み合わせるとめりはりができる。絵本については1冊まるごと読み聞かせをするのもよい。

　多様なジャンル，多様な視点からの本を選ぶが，その紹介の順番を決めるにあたっては，ブックトーク全体でなめらかなストーリーが一つできあがることが望ましいため，次の本の紹介に移るときには，共通のキーワードやエピソードを利用して，つなぎめを工夫するとよい。つなぎめがなめらかにつながることは，ブックトークの成否を決めるとも言われている。

e．練習する

　時間の配分，小道具の使い方なども含め，ブックトークの完成度が高くなるように，事前に練習することは必須である。できれば，図書館員同士で練習を見て，意見交換をすることは双方のブックトークの技術を向上することにつながる。

f．実践する

　実践するにあたっては，十分な準備のもとに行うことも重要だが，その場で子どもたちの反応を見ながら臨機応変に対応することも，ブックトークを成功させるためには欠かせない。

　本番では紹介する本の実物を必ず用意し，紹介した後に順に並べて提示し，また，聞き手が興味を持った本をあとで借りやすいように，紹介した本のリストも最後に配るのがよい。また，テーマに合わせて，地図や新聞記事，ペープサートなどの小道具を使うことも有効である。

g．記録をつける

　記録をつけることは，そのブックトークの振り返りの役割をするだけではなく，他の図書館員との資料知識の共有にもなり，その後のブックトークのヒントともなるため，活用できる記録をつけておくことが望ましい。

4．児童サービスの今後の課題

　児童サービスは，その重要性が論じられ，100年以上の歴史を持つにもかかわらず，必ずしも子どもたちの利用が十分であるとはいえない。その原因として，以下の三点が考えられる。

　第一は，専門性の高い児童図書館員の養成が行われてこなかったことである。司書課程における児童サービス関係の科目は〈児童サービス論〉1科目のみであり，児童サービス，児童書，子どもの発達や心理，子どもの読書や学習を支援する技術などをすべて学ぶのは難しい。米国では，より内容の充実した養成が行われている大学も少なくないが，日本では，日本図書館協会によって，図書館司書として就職してからの児童図書館員研修はあるものの，大学における養成は不十分であるのが現状であり，それだけでは児童図書館員としての知識や技術を獲得するのは困難である。

　第二は，子どもたちの利用がなかなか浸透しないことである。特に10代の子どもたちの利用が少なく，ヤングアダルトサービス自体独立して行われていない図書館が多いこともあって，なかなか十分なサービスが実施されていないのが現状である。10代の子どもたちにとってどのようなサービスが求められているかを模索していくのが今後の課題であろう。

　第三は，現在十分にサービスが提供できていない子どもたちへのサービスの方策が整備されていないことである。一つにはハンディキャップのある子どもたちへのサービスである。視覚障がいのある子どもたちへのサービスは，点字図書・録音図書・大活字本・さわる絵本など，出版物もあり，少しずつ充実してきている。しかし，聴覚障がいのある子どもたちへのサービスについては，

聴覚障がいをもって生まれてきた子どもたちは言葉の獲得に困難があることへの認識が社会的に遅かったため，図書館でのサービスもまだこれからの状態である。また，ディスレクシアの子どもたちへのサービスもまだ発展途上の段階であり，出版物としてのLLブック（読みやすい図書，p.92参照）も数が少なく，これからの課題といえるだろう。

　二つ目に，入院中の子どもたちへのサービスである。入院中の子どもたちは，自ら図書館には行けないにもかかわらず，病院内の子ども図書館の存在や公共図書館の出前サービスはまだ非常に少ない状態である。静岡県立こども病院など，ボランティアスタッフによって，子どもたちへの読み聞かせ等のサービスが行われている病院もあるが，現在のところ，何の支援も受けられずに入院している子どもたちの方が圧倒的に多い現状がある。

　三つ目には，少年院などの更生施設にいる子どもたちへのサービスである。これらの更生施設は，教育面がたいへん重要であるにもかかわらず，その中での読書の状況などはあまり外部にはわかっておらず，また，施設ごとの差異が大きいのが特徴である。

　上記のように，何らかの理由で図書館利用を阻まれている子どもたちへの十分なサービスを模索していくことも今後の重要な図書館の課題であるといえるだろう。

4章　児童サービスの管理・運営

1．児童サービスの管理・運営の基本的な考え方

　図書館の管理・運営については，「図書館法」第10条に「公立図書館の設置に関する事項は，当該図書館を設置する地方公共団体の条例で定めなければならない。」とあり，それによって「教育委員会規則」でごく簡単に教育委員会が公立図書館の管理・運営を分掌することが定められている。定められた文書は通常「館則」「運営規則」などと呼ばれ，ⅰ目的・事業内容，ⅱ開館時間・休館日，ⅲ利用方法，ⅳ館則の遵守などが明記されている。また，図書館の業務は一般的に，1)受入収集，2)整理保管（目録構築等を含む），3)利用提供，4)経営管理，5)システムの活用と運用管理，の5種類があるとされている。
　児童サービスも上記の法的・条例上の根拠に基づき，図書館の一環として運営される。さらに，児童サービスの場合には，利用者である子どもたちが発達途上であることに配慮し，その成長に寄与できるような多様なサービスが必要となってくることも念頭に置いてサービス計画を立てることが重要である。サービス計画は，図書館の将来計画や社会の変化を視野に入れた中・長期計画とより具体的な年間計画の二つに大きく分けることができる。計画を立てる上で，重要な要素となってくるのが，人的配置，コレクション構築，行事などである。
　そこで本章では，この3項目について具体的に述べる。

2. 児童図書館の職員と組織

(1) 児童図書館員の専門性とその役割

a．児童図書館員の専門性

　図書館司書は，図書館に雇用されることによって初めて専門職として仕事ができることから，職業社会学上は雇用専門職である準専門職に分類される。しかし，このような制度上の制約があるとはいえ，児童書に関する知識や子どもの発達段階等に関する理解，子どもの読書や学習，情報利用の支援をする技術がなければ，実際には十分なサービスを実施することはできない。

b．児童図書館員の役割

　児童図書館員の役割は，20世紀後半の公共図書館発展期から〈子どもを知ること〉〈子どもの本を知ること〉〈子どもと本を結びつける知識と技術を持つこと〉であるとされてきた。〈子どもを知る〉とは，子どもの発達段階や心理に対する理解を深めることや，子どもを取り巻く地域社会や時代的背景を知ることを示し，〈子どもの本を知ること〉は，児童文学や絵本に限らず子どもが読む資料全般に対する詳しい知識を持っていることを求めている。また，〈子どもと本を結びつける知識と技術を持つこと〉は子ども向けの資料をどのように子どもたちの利用に提供していけばよいかを知り，またブックトークや読み聞かせなどを通じて，子どもたちの利用を支援する技術を身につけていることを求めている。

　アメリカ図書館協会で1989年に採択され，1999年に改訂された「公共図書館・児童サービス担当図書館員の専門能力について」では，ⅰ利用者層に対する知識，ⅱ管理運営の技能，ⅲコミュニケーションの技能，ⅳ資料および蔵書に関する知識，ⅴ企画立案の技能，ⅵ児童サービスの必要性についての主張，PR，およびネットワーク作りの技能，ⅶ高い専門性の維持と涵養の7項目が

示されている[1]。

　しかし、日本では、図書館員の養成において児童図書館員となるための教育は「児童サービス論」1科目のみであり、本来、子どもの発達、児童資料、おはなし会プログラムなどの多岐にわたった学びが必要であるにもかかわらず、そのための養成は十分になされていないのが現状である。

　このような人手不足はどの自治体にもみられる傾向であるが、さまざまな工夫によって人手不足を補い、児童サービスにおける専門性を保っている。以下に奈良県生駒市の例を挙げる。生駒市では、全館の職員数は多くないものの、中央館において児童サービス班を組織することによって、児童サービスの質および職員能力の向上に努めている。

　このように、自治体内の図書館同士で密接に連携することにより、物流だけではなく、人的資源もサービスも補い合い、その結果利用者の満足度を高める工夫をすることができる。

ｃ．多様化するニーズと児童図書館員

　前述のように、21世紀になる頃から、児童図書館員にも児童書と子どもに関する知識や技術のみならず、管理運営や企画立案、あるいはネットワークづくりについての専門的な能力が求められるようになってきている。

　また、1990年代以降の高度情報化社会から成熟した高度情報社会を迎えるに至って、子どもたちも非常に多くの情報の中で適切に情報活用をする力が求められはじめている。そのため、児童図書館員も従来の児童書等の資料だけではなくて、インターネット上の情報の探索・評価・選択・利用の仕方など、幅広い情報リテラシー支援をする立場になってきており、そのための専門能力の育成も欠かせない。

　このように、時代のニーズに合わせた児童図書館員としての専門能力が今後も求められていくだろう。

1：アメリカ図書館協会 ALA 児童図書館サービス部会，竹内悊訳．公共図書館・児童サービス担当図書館員の専門能力について　改訂版．現代の図書館．2002, vol.40, no.2, p.112-118.

（2）児童図書館における職員と組織

児童図書館における職員と組織の例として，生駒市図書館の例を紹介する。

a．生駒市図書館の職員組織

市内の5館（①生駒市図書館，②生駒市図書館南分館，③生駒市図書館北分館，④たけまるホール図書室，⑤鹿ノ台ふれあいホール図書室）が一つの組織として図書館サービスを行っている。利用券は全館共通，1人5冊2週間の貸出が可能で，いずれの館へ返却してもよい。

b．児童サービス担当者の役割

■1 生駒市の児童サービスと職員体制　生駒市の司書職員は専門職制がひかれていないため，基本的には一般の事務職員と変わりがなく，図書館以外の部署への人事異動も可能性として無いとは言えない。また，図書館業務を行う5館間での異動は当然のこととしてあり，生駒市図書館本館以外の館では，2～3人の少人数で運営しているため，児童サービス担当者を固定することはできない状況である。つまり，児童サービス担当者として位置づけられているのは，本館の児童班のみであり，しかも，児童班職員もひとたび成人班に移ったり，分館へ異動になれば，児童サービス担当者としての位置づけはなくなる。逆に，

〈図書館（課）〉

①図書館長	1名（司書）
図書館　図書係	8名（司書：係長を含む　成人班4＋児童班3　司書・司書補以外：1）
②図書館南分館長	1名（司書：図書館南分館係長兼務）
図書館南分館　図書係	2名（司書）
③図書館北分館長	1名（司書：図書館北分館係長兼務）
図書館北分館　図書係	2名（司書）
④図書館　たけまるホール図書室係	2名（司書：係長他1）
⑤図書館　鹿ノ台図書室係	2名（司書：係長他1）

※図書館長は課長級，図書館南分館長・図書館北分館長は課長補佐級で，いずれも管理職。この他に各館には臨時職員が配置されている。

成人班の職員であっても、いつでも児童班や分館の仕事ができるように、児童サービスの知識や技術を身につけておかなければならないということになる。

以上のような体制であることから、生駒市では原則的に司書職員全員がストーリーテリングや読み聞かせを行っている。また、そのための職員研修の機会も設けているが、ブックトークやわらべうたなどに関する研修はまだ十分とは言えない。

2 生駒市の児童サービスに課せられること　2005（平成17）年に「生駒市子ども読書活動推進計画」が策定され、計画を実践するための「実践会議」が同年に発足し、また、2011（平成23）年度から週1日勤務ではあるが、待望の学校図書館司書の小・中全校配置が実現し、学校図書館の活動が活性化しつつある。

今後、学校司書を通じて、学校から公共図書館への要望は確実に増加していくであろうことから、公共図書館も5館の図書館施設が、それぞれ最寄の小・中学校の担当館となり、学校司書の活動を支援していくことを決めている。生駒市図書館の児童サービスは、これら学校図書館司書と連携を取り、その要望に答えていくばかりか、その指導的な役割も期待されている。

また、生駒市では、学校等からのストーリーテリング、絵本の読み聞かせ、ブックトーク等の要求が増加し、司書職員だけでは対応しきれないため、ボランティアの手を借りているが、その人数も年々増加している。それらボランティアの養成、指導等も児童サービスの重要な役割になっている。

このように、司書職員は、自ら児童サービスに携わるだけではなく、地域が連携して子どもの読書活動を進めていく中で、子どもと子どもの本に関わる活動をしている人たちの指導者的役割を果たすことが求められている。

3 生駒市独自の職員研修

(1)「職員おはなし研修会」（生駒市図書館主催）

「職員おはなし研修会」は、繁忙期を避け、年間5回館内整理日（第1金曜日）に本館で開催している。各館の司書職員が集まり、相互におはなしを語り、批評しあう。新作のレパートリーを子どもに語る前にここで聞いてもらうことになっている。毎回司書職員全員が参加できるわけではないため、経験年数の

多い職員，少ない職員をバランスよく出席させるようにはしているが，相互批評がなかなか難しい。メンバーも職員に限定されているため，新鮮な感想が出難いという課題がある。

⑵ 「経験者のためのおはなし勉強会」(生駒市図書館主催　協力：生駒おはなしの会)

「経験者のためのおはなし勉強会」は，図書館主催のストーリーテリングの入門講座「子どもに語るおはなし講座」の修了生の受け皿としての勉強会として発足した。担当以外の図書館職員も業務に支障のない範囲で参加している。

ストーリーテリングの実習と評価の他に，ストーリーテリングや児童書にまつわるテーマを毎回設定し，「生駒おはなしの会」の会員が研究成果をレポートする。

❹生駒市以外が主催する職員研修　司書職員の中から業務に支障のない範囲で，必要に応じて，研修会，講演会，講座等に適宜参加している。主催者は，他市町村図書館，奈良県図書館協会公共図書館部会，文部科学省等である。

2011(平成23)年度は初めての試みとして，日本図書館協会主催「児童図書館員養成専門講座」に経験10年目の司書職員が参加したが，厳しい財政事情等から今後の参加は見通しが立たない。

3．児童資料の選択と評価

　一般向けの資料と同様，児童サービスにおいてもコレクション構築はサービスを支える重要な役割を果たす。また，児童サービスでは，乳幼児から成熟した大人に近い青年期までを対象とするため，発達段階も考えながらコレクション構築をする必要がある。

(1) 子ども向け資料の選書基準

　図書館では，その選書方針を伝えるために，選書基準[2]もしくはコレクション構築方針を文書等で利用者に明示する責任を負う。選書基準の例として，大

阪府立図書館では，1976(昭和51)年に夕陽丘図書館（現在は閉館され，その機能は中央図書館に移管された）で制定され，1981(昭和56)年に改正された選択基準をもとに，「児童書資料（作品類）選択基準」を作成している。以下に要約して紹介する。

　児童室用資料は，児童室での直接サービスのために，幼児，児童の知識や経験，そして感情を豊かにし得る資料を選択するものであるとし，ジャンル別には次の点を要点としてもつ資料を収集すると定めている（詳細は巻末資料3参照）。

絵本：絵がストーリーを語っているか，絵と文が一体化しているか，ことばはリズミカルか，など絵本としての要件をそろえているかどうかを基準としている。

昔話，民話，伝説：もともと口承文学であることに配慮し，再話の質，背景となる民族の文化などが生かされているか，語りの伝統をふまえているか，といったことを要件としている。

童謡，詩：創造性や子どもの詩的世界への影響を要件としている。

歴史，地理，社会：正確さ，専門性，年表や索引の有無などを要件とすると同時に，歴史など評価の分かれる事実に関しては，どのような観点で記述されているかを重視している。

伝記：被伝者の描き方が，①生活面も含め，人間的に描かれているか，②生涯史となっているか，③歴史的・社会的背景の中で描かれているか，④考証の行われた正確な記述か，が要件となっている。

科学読物：正確さ，科学的な考えにおけるプロセス，専門性，写真・図版などの適切さなどを要件としている。

童話・児童文学：創造性・文学性に富んでいるかどうか，文体は適切か，古典文学等の評価は定まっているか，などを要件としている。

記録・ルポルタージュ：正確さと文学性の両者を要件としている。

2：本を選ぶ観点を選書規準，本が一定の水準に達しているかどうかを判断するよりどころを選書基準という。

趣味・実用書：写真・図版の正確さ，安全性への配慮などを要件としている。
基本参考図書：学習に必要な項目が十分にあり，またその項目の編集は内容に適しているか，目次・索引の適切さ，記述・写真・図表の正確さ，改訂・増補が行われ新鮮さが保たれているか，を要件としている。
紙芝居：集団で楽しめるものか，内容的に優れているかが要件となっている。
　（付記　大阪府の基準には明記されていないが，演じる資料である紙芝居に適したつくりになっていることも重要である。）
マンガ：マンガでしか味わえない独自の世界を表現しているか，内容は優れているか，などが要件となっている。また，学習マンガについては，その主題について類書と比較して優れているかどうかも要件である。

　上記以外にも，著者，出版社，表現，形態など，選書に必要な要件についても言及されており，全体のバランスの重要性も明記されている。

　このほか，地域資料については，地方行政資料と郷土資料に大別でき，子どもにとっても，生活や学習の上で重要な資料となる。しかし，実際には，子どものために出版された地域資料は非常に点数が少ない。特に小学生までは，読める資料の難易度に限界がある。そのため，成人向けの資料のうち，子どもにも読める資料や各機関から出されているパンフレットなどをこまめに収集し，コレクションを構築していく必要がある。

　コレクション構築を考えるにあたって，資料を収集するだけでなく，魅力的なコレクションにするためにはウィーディング（weeding）も重要である。このウィーディングは，単に古い資料，利用の少ない資料を廃棄するということを意味するわけではない。どの資料を残すべきかについては，新しい資料を購入する場合と同様，選択の基準が必要である。ポイントは，以下のとおりである。

　ウィーディングの対象となる資料は蔵書として保存・提供する価値があるかどうかを判断するに当たり，資料そのものの価値，蔵書全体の新鮮度，利用の有無，今後の入手可能性の有無などをバランスよく考えていかなければならない。図書館資料の提供は公的サービス提供の一環であり，利用される資料を置

くことも重要だが，同時に公的サービスの責任で価値のある資料を保存・提供することも重要である。絶版になり，一度廃棄すると，今後入手できる可能性のない資料については，図書館が責任をもって保存・提供する責任ももつ。これらの要件を備えることができるようにウィーディングを実施する。

　この選択・収集とウィーディングを合わせて，コレクション構築と考えることができ，その計画的な実施が不可欠である。

（2）選書計画の意義とポイント

　選書を実施するに当たっては短期（単年度）・中期（3～5年の期間）・長期（約10年の期間）の計画が必要である。

　短期的な計画に求められるのは，日々資料を充実させていくことであり，個々の選書における具体的な選書作業の方法が重要となる。選書作業では，見計らい方式（後述の「生駒市における具体例」参照），ブランケット方式[3]の他，書誌類を利用して選書する方法もある。それぞれの方法には一長一短があるため，いくつかの方法を組み合わせて選書することが望ましい。また，図書館員が選書のための簡潔な書評を書いて，図書館員同士情報を共有しあいながら選書する方法もある。

　中期的な計画に求められるのは，出版傾向・利用傾向の把握による選書計画の定期的な見直しである。出版傾向の把握は，テーマやジャンルだけではなく，メディアの変化にも目を配る必要がある。利用傾向については，蔵書回転率などの数量的指標も利用しながら，直接のサービスの中でも傾向を把握していくことが重要である。また，児童サービスの場合，子どもたちが学校の宿題等のために図書館を利用することも多いため，学習指導要領にも目を配りながら，子どもたちの学習に必要な資料をそろえていくことも求められる。このように

3：選書における間接選択の変型で，主題や出版社を特定するなど購入の範囲を明らかにしたうえで一括注文する方法で，納入された図書は原則としてすべて購入する。特定分野の資料の整備と充実をはかるために一定期間内に必要な資料を収集する場合にも採用される方法である。

社会的な変化に対応し，利用者のニーズを充足させると同時に，子どもの発達段階も考え，図書館ごとにぶれのない選書計画を持つことも不可欠である。

長期的な計画に求められるのは，コレクションの全体のバランスを考えながら，常に資料が充実し続けるように，選書計画に連続性を持たせることである。長期の間には，職員の交代，予算規模の変化，社会の変化など，さまざまな要因が関わってくるため，常に変化に合わせて対応しつつも，その時々の要件にのみ左右されない一貫した計画をあらかじめ立てておく必要もある。

このようにさまざまなスパンでコレクション構築の計画を立てることによって，よりよいコレクションを構築していくことができる。

また，近年では視覚障がいのある子どもだけではなく，聴覚障がいのある子どもやディスレクシアなどの学習障がいのある子どもへのサービスの重要性も認識され始めているため，大活字本や読みやすい本（LLブック），マルチメディアDAISY（ディジー）などを利用する資料などの提供も必要である。2009年の著作権改正以降，公共図書館でも十分なサービスが可能となってきたため，今後の充実が期待できる。

（3）児童図書館におけるコレクション構築

児童図書館におけるコレクション構築の例として，生駒市図書館の例を紹介する。

ａ．児童書選書会議の実際

❶児童書選書会議の実際　月1回本館に本館児童班全員と4館から司書1名ずつ（計最大7名）が集まり，児童書の選書を行う。（原則，事前に各館での評価を終えている。すでに発注済みのものもあれば，会議上相談してから購入・非購入を決定するものもある。）会議上，現物（見計らい）を見ながら，各館の評価を発表し合い，館ごとの購入非購入や購入方法（例：A館＝見計らい，B館＝複本を別ルートで発注，その他の館は非購入等々）を決める。また，市図書館としての評価（非購入なら，リクエストがあったときの対応等）も決める。非購入本の評価については，リクエストがあった場合に備えて記録を残

し，マークのローカルデータにも入力しておく。

　選書以外の議題については，あらかじめ全館へ通知しておき，各館の意見を持ち寄って話し合う。全館が集まる数少ない機会であるため，情報交換等も積極的に行う。

❷見計らいの流れ　　ニッパン（日本出版販売株式会社，出版取次）から毎週火曜日に3セットが本館へ入荷する。その日のうちに連絡便で1セットずつ北分館と南分館へ送られる。3セットは各々，①本館，②北分館⇒図書室（鹿ノ台），③南分館⇒図書室（たけまる）で回覧され，各館での評価を記した上，翌週木曜日の連絡便で本館へ戻る。

　本館で各館の選書結果に応じて，購入本・非購入本に分け，非購入本はニッパンへ返送する（1セットは，選書会議まで返送せずに残しておく）。

❸現在の方式の利点

　生駒市図書館における選書の利点としては，以下のような点がある。

①各館の評価の誤差をすり合わせることができる。

　　（生駒市の選書基準を一定に保つことにつながる。）

②一同に会しているため，分担収集しやすい。

　　（無用な重複購入を避け，各館の状況に応じた選書ができる。）

③迷っている場合等，複数の意見を聞くことができる。

④非購入本は記録をとっているため，以後の選書に役立てることができる。

❹現在の方式の課題

　生駒市図書館における選書の課題としては，以下のような点がある。

①業務の都合上，欠席館が出て，全館参加できないこともある。

②選書以外の議題の場合，その場で決定できず，各館へ一旦持ち帰りとなり，結論が先送りになることが多い。

③月1回の開催をメドにしているが，業務の都合により開催を見合わせることもあり，時には2か月分近くを選書するなど，会議時間が長くなりがちである。

④選書を分担している本で，その本の担当者が居合わせておらず，評価のメ

モだけで検討する場合，細かいニュアンスが伝わらず，意見が分かれた場合に判断に困ることがある。

b．資料収集と廃棄
❶資料収集

生駒市図書館における資料収集方針の概要を示す[4]。

「生駒市図書館資料収集方針」（概要）
- 第1　趣旨
- 第2　基本的な考え
- 第3　資料収集に当たっての考え方
- 第4　収集のための組織
- 第5　収集する資料の種類
- 第6　資料の更新・除籍・廃棄
- 第7　市民要望への対応
- 第8　その他

❷資料廃棄　資料の廃棄については，明文化されていない。随時，資料の状態，情報の鮮度，利用率，書架事情および全館的な所蔵状況等を各館担当者協議の上で総合的に判断し，図書館長の決裁の後，除籍処理する。市民に提供できる状態のものは，リサイクルコーナーに展示し，持ち帰ってもらう。それ以外は，古紙回収業者に引き取ってもらい，売上金は市の収入とする。児童書等については，市内の幼稚園，保育所，小学校，中学校，高等学校，地域文庫等に呼びかけて，一般市民に提供する前に再利用を検討してもらう。

c．蔵書構成
蔵書構成について特段の取り決めはなく，児童書の場合は資料収集上の経験則に基づいて蔵書構成を決定している。

❶複本収集　児童書として定評のある本，世代を超えて読み継がれている本，図書館として広く子どもたちに読んでほしい本等は，各館の状況に応じて複本を用意する。その他，留意して複本を準備しておく本としては，児童向け図書

4：“資料収集方針”. 生駒市図書館. http://lib.city.ikoma.lg.jp/toshow/policy.html, （参照2012-09-10）.

館報「ふくちゃん新聞」「中学生本よもよも新聞」で紹介した本，主催行事関連の本，以下の生駒市図書館発行の対象年齢別に編集された5冊のブックリスト掲載本等がある。

　①『あかちゃんだって　えほんだいすき！　0．1．2さいのえほんリスト』
　②『えほんだいすき！　3さいからのえほんリスト』
　③『いい本みーつけた！　小学校1〜3年生』
　④『いい本みーつけた！　小学校4〜6年生』
　⑤『中学生　本よもよもガイド　honyomoyomo』

　ブックリスト掲載本は，幼稚園や小・中学校等の要望に応じて，通常の団体貸出枠とは別にセット貸出を実施している。

❷リクエスト対応　選書に漏れた本で後日リクエストに応じる場合は，主として本館が受け入れしている。選書会議であらかじめリクエストに応じる意思を表明している館がある場合は，その館で受け入れる（購入せず，市外の図書館から借用する場合もある）。

❸課題図書　蔵書が全国読書感想文コンクールの課題図書に選定された場合は追加購入を検討する。また，選書に漏れた本が課題図書になった場合は，市内で複数冊は所蔵するよう本館で最終調整して購入している。本館は別置をしているが，課題図書は予約が切れ目なく入り，ほとんど棚に戻らないため，別置を見合わせている館もある。

❹その他　市内に1冊あれば十分な場合は，選書会議等で受け入れ館を決定するか，もしくは，本館が受け入れる。

4．児童サービスにおける体系的な計画の重要性

（1）体系的な計画を立案することの意義

　児童サービスも他の図書館サービスと同様，経営的な視点を入れた体系的な計画をもつ必要がある。

このような体系的な計画は，サービス計画，そのサービスを実施するための職員配置計画，財政面での計画によって構成される。また，児童サービスはそれだけで独立するサービスではなく，当該の図書館全体，あるいは地域の図書館ネットワーク全体の中でどのような計画を立案するのか，という視点も必要である。

（2）児童サービスの体系的な年間計画の重要性

年間計画は，全体計画の中の短期計画にあたり，サービスを実施するにあたっては，他の事業と同様，短期だけではなく，中・長期計画のあることが望ましく，それによって，より効果的なサービスを目指すことができる。その中で，もっとも基本となるのが年間計画である。

年間計画を立てるに当たっては，以下のポイントが基本となる。

①児童サービスの要素がバランスよく盛り込まれているか。
②学校や幼稚園・保育所などの予定を勘案し，他機関との連携をできるように考えているか。
③子どもの発達段階を考慮しているか。
④予算計画をしっかり立てているか。

4-1図　大人と子どものおはなし会と七夕飾りづくり
〜七夕飾りづくりの部屋〜
（生駒市図書館　2007年7月7日　生駒市図書館提供）

①については，3章で挙げた児童サービスの要素はそれぞれ独立した不可欠なサービスであると同時に，組み合わせることによって利用者にとってよりよいサービスに結び付けていくことができる。また，各行事においては，季節感を取り入れられると年間計画を立てやすい。

②については，児童サービスの対象の大半が幼稚園・保育所・学校に通っていることから，その行事予定との調整が重要であるだけではなく，子どもたちが毎日通っている先で何を経験したり，学んだりしているのか，といったことを把握しておくことができると，よりよいサービスに結びつけることができる。また，地域の子ども文庫などとの連携は公共機関だけでは不十分になりがちなサービスを充実させるためにも重要な役割を果たす。

③については，児童サービスは対象が0～18歳であり，発達段階においても大きな変化がある利用者を対象とするサービスであるため，その発達段階に合わせた適切なサービスが重要である。児童サービスは，就学前の子どもを対象とする乳幼児サービス（6章参照），学童期の子どもを対象とする児童サービス，ティーンエイジャーの子どもを対象とするヤングアダルトサービス（7章参照）に分類されるのが一般的であるが，公共図書館ではこの三つのサービスを総合的にとらえ，継続的なサービスとして考えていくことが求められる。

また，子どもたちが発達途上にあることから，施設や設備の整備に関しても，家具のサイズ，書架の高さ，空間の整え方，色遣いなどに配慮し，施設計画を立てたり，設備や備品を整備したりすることが重要である。

④予算計画を立てることは，年間計画を実効性のあるものにしていくために欠かせない作業である。予算計画は通常，地方自治法施行規則第15条2の別記様式をもとに費目分けをして立案する。したがって，よりよい年間計画の実施のためには，図書館内で予算を立てるだけではなく，各地方自治体の財政課とも，何に重点を置いて図書館運営をしていくかについて十分な協議を重ねておくことは効果的である。

さらに，計画の実施にあたり，他機関とできるだけ連絡を取り，連携していくことは非常に重要である。なぜならば，乳幼児サービス・児童サービス・ヤ

ングアダルトサービスのサービス対象となる子どもたちの大半は幼稚園・保育所・学校に通っており，そこでの行事予定と図書館との行事予定が高い割合で重なってしまうと，図書館での行事への参加人数が少なくなり，予想通りの効果を上げられないというだけではなく，その連携によって新しいサービスのありかたを模索することが可能になるからである。互いのサービスや教育の質を向上させていくためにも，知識やノウハウの共有や計画実施における他機関との連携は重要な役割を果たす。

(3) 年間計画作成の手順と留意点

年間計画の立て方は多様であるが，ここでは，一つ事例を挙げて説明していく。

4-1表では，通常業務を除く，図書館のかかわる行事の年間計画が掲載されている。この生駒市の年間計画は，実際には次頁4-1a表のように定例で実施する業務と，65頁4-1b表のように特別な行事として随時実施する業務に分かれている。数少ない職員でより充実したサービスを提供していくためには，これらの行事が互いに重複しないようにしていくことが重要であり，そのためにも，年間スケジュールを立てておくことは欠かせない。この例を見るとわかるように，サービスの中には学校や幼稚園・保育所，行政の他の課などとの連携行事やその要望にこたえて実施するサービスなどが数多く含まれている。そのため，たとえば学校や幼稚園・保育所との連携行事の場合は図書館側のスケジュールだけではなく，先方の行事予定と合わせて予定を立てなければならない。このように，サービス計画を実施していくためには全体を見通した年間計画の作成をしていかなければならない。

年間計画を立てる際には，必要な事項を盛り込むと共に，図書館司書が通常業務と行事の業務を無理なくこなせるように日程を按配することが，長続きさせるために必要である。そのためには，日程やスタッフの配置などをあらかじめ決め，さらに少し余裕を持って，学校や幼稚園・保育所などからの要望にこたえたり，学校行事などに合わせて行事を調整できることが望ましい。たとえ

4-1 a表　平成23年度生駒市図書館年間計画（定例）

連携先等				主催事業					文庫	学校・幼稚園等	
内容等	おはなし会	絵本の会	その他行事	館報掲載本別置	子どもに語るおはなし講座	生駒おはなしの会例会	経験者のためのおはなし勉強会		団体貸出	館報配布	ブックリスト等
4月	毎週		子ども読書の日	発行月（別置入替）			第4金			春号	ブックトーク等とともに
5月	毎週	前期①				第3金	第4金		2文庫		ブックトーク等とともに
6月	毎週	前期②			第1回	第3金	第4金				ブックトーク等とともに
7月	毎週	前期③	七夕飾り	発行月（別置入替）	第2〜4回	第3金	第4金			夏号＆中学生用	
8月	毎週						第4金		2文庫		
9月	毎週	前期④			第5回	第3金	第4金				
10月	毎週	前期⑤		発行月（別置入替）	第6回	第3金	第4金			秋号	
11月	毎週	後期①			第7回	第3金	第4金		2文庫		
12月	毎週	後期②	人形劇		第8回	第3金	第4金				
1月	毎週	後期③		発行月（別置入替）		第3金	第4金			冬号＆中学生用	
2月	毎週	後期④				第3金	第4金		2文庫		
3月	毎週	後期⑤	人形劇			第3金	第4金		リサイクルフェア		

……一般対象

4．児童サービスにおける体系的な計画の重要性 | 65

4-1b表 平成23年度生駒市図書館年間計画（随時）
※定例行事の他，学校等と連携して随時実施している行事のうち主なもの。

連携相手	内容
学校・幼稚園等	出前授業（教育総務課とも一部連携）おはなし会，ブックトーク等
	見学
	団体貸出
	職場体験学習受入
	学校図書館部会との交流
	学校教員等研修
	学校図書館整備協力
生駒市子ども読書活動推進計画実践会議	啓発事業等
健康課	ブックスタート
PTA	読み聞かせ・装備等講習会
文庫	文庫フェスティバル
生駒おはなしの会	図書館協力行事

ば，上記の年間計画に合わせて，カレンダーやスタッフの業務分担表を以下のように作成しておくとわかりやすい。4-2表は，年間計画をカレンダーにしたものであり，行事の重複を避けるためにも利用できる。また，他の機関や団体と連携する場合には，当日だけではなく事前打ち合わせや事後のサービス見直しなどの業務も発生するため，4-3表のように担当者をしっかりと決めておくことも，サービスのスムーズな進行には必要である。

　4-2表に見られるように，行事が重なりすぎないように予定を立て，さらに前年度には必ずしも把握できない学校や幼稚園・保育所などの要望に随時答えられるように日程には余裕を持たせておく。また，4-3表に見られるように業務担当もはっきりさせ，特に臨時職員など正規職員ではないスタッフが担当する場合には，正規職員がサポートに入るなどの配慮が必要である。一館だ

66 | 4章 児童サービスの管理・運営

4-2表 平成23年度生駒市年間計画カレンダー

4．児童サービスにおける体系的な計画の重要性 | 67

4-3表 平成23年度児童サービス業務担当分担一覧表（生駒市図書館）

平成23年度児童班業務　担当割

	項目	開催時期，回数	分野	担当 ※ A,B,C は人名	備考
1	経験者のための おはなし勉強会	第4金	おはなし	A	原則 毎月第4金曜日
2	おはなし会 （通常・職員研修会）	月4回， 年5回	おはなし	A	第1木曜ピカ²／ 第1・3木曜年少／ 第2・4日曜年長
3	生駒おはなしの会月例会	第2金	おはなし	A	原則 毎月第3金曜日
4	子どもに語るおはなし講座 （講師）	6，7，9， 10，11，12月	おはなし	A	
5	子どもに語るおはなし講座 （事務局）	6，7，9， 10，11，12月	おはなし	B	
6	人権絵本のつどい	11月？	行事	B	
7	職場体験学習 10月～11月　上中・北中 1月　生中	2回程度	学校	A	
8	学校見学	随時	学校	C	出張割振り含む
9	団体貸出（学校・文庫）	随時	学校	B	
10	子ども読書の日記念行事 （一日図書館員）	未定	行事	A	一日図書館員
11	ふくちゃん本よも隊	随時	行事	B	
12	子ども読書の日記念行事 （写真展）		行事	B	
13	文庫と サマーフェスティバル	夏	行事	B	
14	子どもの本の講座 （未定）	未定	行事	C（B）	
15	人形劇 （年1回中公予算含む）	夏，冬，春	行事	B	
16	おはなし大会	夏，冬，春	行事	A	
17	子ども読書活動推進計画 実践会議の活動	随時	子ども読書推進	C	
18	ブックリスト配布等関連	随時	子ども読書推進	B	
19	ふくちゃん新聞編集	7/1号	子ども読書推進	B	
20	直販図書発注	随時	選書	B	
21	リクエスト・特見	通年	選書	C	
22	絵本の会	第2金曜日	乳幼児	C	
23	えほんのひろば （読み聞かせ）	（臨時）	乳幼児	C	
24	ブックスタート	通年	ブックスタート	C	
25	臨職さん指示	通年	臨職	C	
26	スライドトーク	5/28，29， 11/26，27		B	
27	別置本集め，報告 （課題図書・七夕・ 自由研究・クリスマス等）	年4回＋特集 時		臨時職員（C）	
28	会議スリップの整理	通年		臨時職員（C）	
29	壁画	通年		臨時職員（C）	
30	書架整理	通年		B：絵本，ひよこ C：数字，子本研 A：読み物，ミステリー， 　　昔話，アスナロ	昨年度と同じ
31	班長			A	

けでさまざまな業務すべてを実施していくことは困難であり，地域内の図書館共同で年間計画を立てることも欠かせない。

4-1表で示した年間計画で特徴的なのは，図書館だけでサービスが完結していない点である。公共図書館は公的サービス機関のひとつであり，その公共図書館における児童サービスは子どもの成長を支える大切なサービスのひとつである。子どもは，多様な側面においてバランスをとって成長してく必要があり，そのため，他の機関と連携して行うサービスは重要である。生駒市の図書館では，その一例として以下のようなサービスを実施している。

a．中学生の職場体験学習の受入

子どもたちの発達段階を考える上で，本の貸出，おはなし会などの他に，将来の職業意識を育てるための職業体験の場を提供することも，公共機関としてのひとつの役割といえるだろう。生駒市では，2009年に4館で計17名の中学2年生を受け入れ，図書の貸出・返却や装備，本棚の整理などの業務体験の場を提供したり，図書館業務全般にわたる説明を行ったりした。

4-2図　職場体験学習
（生駒市図書館　2011年1月　生駒市図書館提供）

b．学校や民間との連携

連携については，図書館側が学校や保育所にサービスをするだけではなく，地域の子ども文庫と連携しておはなし会やその講習会を実施したり，小学校・中学校の学校図書館部会などと情報を共有したりすることも，子どもたちに多様で充実したサービスを提供するために役立つといえるだろう。

学校や幼稚園・保育所からの依頼や他機関と連携する行事が急に入ってくる可能性を勘案して年間計画を立て，その際日程等に余裕を持たせておくと，年度途中に学校や保育所などからの希望で加わった行事が無理なく入り，一年を通してバランスのとれたサービスを実施することができる。

4-3図　文庫の部屋べや：文庫との連携によるサマーフェスティバル
（生駒市図書館　2010年7月　生駒市図書館提供）

4-4図　学校の教員のための図書館研修
（生駒市図書館　2010年8月　生駒市図書館提供）

（4）サービスの評価

　前節までに説明した年間計画を含め，サービスの管理・運営のあり方は随時，その見直しと改善のための評価をしていくことも重要である。

　このような図書館サービス向上のための評価を実施していくに当たって，いくつかの方法がある。たとえば，ⅰ貸出冊数や蔵書回転率などの日常業務から導き出される統計データや，アンケートのような評価のために実施される調査の統計を基にする数量（的）評価，ⅱ数字として表れてこない部分を評価する質的評価，ⅲ個々の行事の満足度や効果などを測定する個別評価，ⅳ年間を通してのサービスや運営を評価する単年度評価，ⅴ中・長期的視野を持つために行われる，数年間にわたっての経年変化を調査して実施する評価，などが考えられる。

　実際に評価を実施する際には，ⅰとⅱのように評価方法の違ういくつかの方法を組み合わせて行うのが望ましい。

　評価の視点については，図書館員による評価，利用者による評価，専門家による評価を組み合わせておくと，より総合的な評価をすることができ，サービスの向上につながっていく。

5章　児童資料の種類と特性

1. 児童資料とは

　児童資料の種類と選択を述べるにあたり，国際的な指針としてIFLA（国際図書館連盟）の定める「児童図書館サービスの指針」[1]を参照する。同指針は2003年に発表された比較的新しいものであり，新しいメディアを含む多様なリテラシーにも目配りされている。資料についての記述を以下に引用する。

> 児童図書館には，あらゆる形態の多様な発達を促すのに適切な資料をふくむべきであり，印刷資料（本，雑誌，マンガ，パンフレット）やメディア（CD，DVD，カセット），おもちゃ，学習ゲーム，コンピュータ，ソフトウェアとオンラインで連結している資料を含んでいるべきである。

　この指針では，全体を通して，どのような児童サービスがなぜ必要なのか，という基本的な理念が繰り返し述べられており，育成するべき利用対象者（ここでは児童）が利用する資料の質やレベルがおのずから読み取れるように描かれている。しかしながら，この指針で述べられているのは資料の形態であり，資料そのものの種類には触れられていない。

　本章では，児童サービスにおける，より実践的な資料活用についての知識と洞察のために，これまでの「児童サービス論」のテキストが踏襲してきた児童資料の種類ごとの解説だけでなく，該当の資料を使ってどのような児童サービスが展開可能なのかを可能な限り並記して解説する。

1：IFLA児童とYA図書館部会．"IFLA児童図書館サービスの指針"．IFLANET．2003．http://archive.ifla.org/VII/s10/pubs/ChildrensGuidelines-jp.pdf，（参照2011-12-06）．

2．児童資料の種類と活用

（1）絵本とその活用

a．乳幼児向け絵本とブックスタート

　絵本は文章と絵とが一体となって，一つの世界をつくり上げるメディアである。その中でも，いわゆる「赤ちゃん絵本」は，まだ自力でストーリーを追うことのできない幼い読者に，本を通じて，読み手（母親をはじめとする家族の場合が多い）の肉声の響きやスキンシップを楽しむ機会を提供する重要な役割を果たす。そこで，言葉のリズムの楽しい本や，擬音語や擬態語を多用した本，わらべうた，やさしい詩の絵本など，自然に動作を伴い，耳に心地よいものが選ばれることとなる。

　公共図書館における乳幼児と保護者向けのアウトリーチサービスとして，2000年以降日本でも展開されてきたブックスタート（6章参照）は，本を介して大人と子どもが触れ合うことを目的としている[2]。乳幼児向け絵本の中には，「なまえ」と「もの」とを対応させた絵本もあるが，単に知育を促すことを目的とするのではなく，発達段階にふさわしく，読む側読まれる側双方にとって快い刺激を伴うものが，良い「赤ちゃん絵本」といえよう。

　ブックスタートで乳幼児向けによく利用されている本[3]には，『いない　いない　ばあ』（松谷みよ子文　瀬川康男絵　童心社　1981）や『しろくまちゃんのほっとけーき』（森比左志・わだよしおみ・若山憲作　こぐま社　1972）などがある[4]。

2：NPOブックスタート．"ブックスタートとは"．BookStart．2011-12-06．http://www.bookstart.net/about/index.html，（参照2011-12-06）．
3：NPOブックスタート．"赤ちゃん絵本リスト"．BookStart．2011-12-06．http://www.bookstart.net/wg/booklist.html，（参照2011-12-06）．

b．物語絵本と読み聞かせ

　物語絵本は，やさしく適切な語り口によって話の筋を追っていくことができるように構成された絵本である。登場人物に自分を寄り添わせることのできる段階に達した幼児は，ストーリーの展開を追うことで絵本の中で冒険を楽しむことができるようになる。

　『どろんこハリー』（ジーン・ジオン文　マーガレット・ブロイ・グレアム絵　わたなべしげお訳　福音館書店　1964）は，おふろの大きらいな犬ハリーが，ブラシをくわえて逃げ出すことからはじまる物語である。子どもたちの中にもお風呂ぎらいの子は案外多い。子どもたちに読み聞かせをすると，冒頭部分では自由奔放に駆け回るハリーとともに爽快さを感じるものの，汚れて家の人に自分が誰かわかってもらえない場面では，一様に心配そうな表情を浮かべる。

　『かいじゅうたちのいるところ』（モーリス・センダック作　じんぐうてるお訳　冨山房　1975）では，主人公がかいじゅうたちといっしょにおどる文字のない見開き場面をじっくりていねいに子どもに見せると，子どもたち自身もかいじゅうの一匹になったような表情を見せる。

　おさるのジョージが活躍する『ひとまねこざる』シリーズ（H.A.レイ作　光吉夏弥訳　岩波書店　1954）は，人気の絵本である。これらのジョージの本によってシリーズを読み通すことや，予約することを初体験する子どもは少なくない。

　物語絵本の中にも絵を中心としたものや感覚的な言葉と結びついたものもあるが，子どもたちは物語を通して新しい語彙を獲得していくため，言葉の美しさについて丁寧に吟味したい。

c．昔話絵本と読み聞かせ

　柳田國男は昔話について「『昔々ある処に』といふ類の文句を以て始まり，話の区切り毎に必ずトサ・ゲナ・サウナ・トイフなどの語を附して，それが又

4：月刊モエ2008年5月号の巻頭大特集「本当に売れている絵本」（p.6-7）では，『いないいない　ばあ』が405万部，『しろくまちゃんのほっとけーき』が186万部とそれぞれミリオンセラーを記録していることが紹介されている。

聴きであることを示し，最後に一定の今は無意識に近い言葉を以て，話の終わりを明らかにしたもの，この形式を具備した」ものであると定義し，それは「口と耳とを以て世に流布して居た」と述べている[5]。つまり昔話は元来耳で聞くものである。しかし語りの文化は現代の家庭や学校の日常から遠いものとなり，昔話も活字で読まれる時代となって久しい。昔話絵本の絵は，生活環境が著しく異なる昔話の世界を，豊かなイメージで子どもたちに提供してくれる。

口承文芸である昔話は話の骨格がしっかりとしており，簡潔な言葉で筋が立っているものが多い。しかし，活字に起こす際の再話の良し悪しが，物語絵本としての質を左右する。中には余分な感情表現や情景描写が書き加えられ，冗長になってしまっているものや，残酷と判断される部分を削除したり書き換えたりしたことによって原型が崩れてしまっているものもあるため，注意深く選書したい。日本の方言の再話にせよ，海外ものの翻訳にせよ，日本語として美しく，リズムのある文章になっていることが望ましい。

絵も，単にストーリーの説明に終わるのではなく，骨太なストーリーとマッチして昔話の世界をより豊かに示してくれるものを選ぶことが重要である。松居直は，『絵本のよろこび』の中でロシア民話の「おおきなかぶ」の挿絵の描き手として，昔話のダイナミックな展開を再現できる彫刻家の佐藤忠良を切望したと語っている[6]。一方で，絵によって昔話の原風景に関するイメージが限定されることの懸念もある。松岡享子は，ホフマンの手による絵本グリム童話の『七羽のカラス』を題材に，昔話を耳で聞くことと，絵になったものを見ることとの違いを分析している[7]。

ロングセラーの昔話絵本は，言葉のリズムや挿絵の素晴らしさなど，長期間に多くの読者からの評価を得てきたものであり，あまたある昔話の絵本の選書に際しては，ロングセラーを一つの基準とすることも重要であろう[8]。

『スーホの白い馬』（モンゴル民話　大塚勇三再話　赤羽末吉絵　福音館書店

5：柳田國男．"口承文芸史考"．柳田國男全集　第十六巻．筑摩書房，1999，p.438．
6：松居直．絵本のよろこび．NHK出版，2003，253p．
7：松岡享子．昔話絵本を考える．新装版．日本エディタースクール出版，2002，136p．

1954）の読み聞かせでは，大草原の見開きの場面で，子どもたちはその広大さに感嘆の声をあげる。

　昔話の中には，口承文芸ならではの囃し言葉や歌もたくさん挿入されているものがある。繰り返しも多い。

　『だんごどっこいしょ』（大川悦生文　長谷川知子絵　ポプラ社　1975）の読み聞かせの後には，子どもたちが口々に「だんご　だんご　だんご　だんご」と口ずさんだり，『こぶとり』（松谷みよ子文　瀬川康男絵　フレーベル館　2003）の読み聞かせの後では「くるみはぱっぱあ　ぱあくずく……」という囃し言葉を繰り返す様子が見られる。

d．知識絵本・科学絵本と科学の本の読み聞かせ

　近年，日本の児童出版は爛熟期を迎え，自然科学をはじめ，社会科学，技術，産業，芸術などあらゆる「知」が巧みに絵本化されるようになった。優れたビジュアライゼーションは，鮮明な写真や詳細な図絵でその世界のひろがりを感動的に伝えてくれる。しかし，単なるわかりやすい専門書が良いということではない。子どもたちの知的好奇心にどれだけ働きかけられるかということが大切である。それゆえ，自然科学の情報伝達においても必ずしも写真が最上とは限らない。

　『たんぽぽ』（平山和子文絵　福音館書店　1992）は，一株のタンポポがどれほど深く根をはらせるものであるかを示すために約80cmの根を実物大で描き，タンポポの黄色い花びらのひとかたまりは一つの花に見えるが，実はおどろくほどたくさんの花が集まっていることなどを，わかりやすく表現している。

　『せかいのあいさつ』（長新太作　福音館書店　1989）は，世界のいろいろな地方の挨拶の仕方を紹介するものである。舌をぺろりと出したり，ハグしたり，

8：月刊モエ2008年5月号の巻頭大特集「本当に売れている絵本」（p.6-7）によれば，『てぶくろ』（ウクライナ民話　エウゲーニー M. ラチョフ絵　うちだりさこ訳　福音館書店　1965）が260万部，『おおきなかぶ』（ロシア民話　A. トルストイ再話　内田莉莎子訳　佐藤忠良絵　福音館書店　1998）が230万部，『三びきのやぎのがらがらどん』（北欧民話　マーシャ・ブラウン絵　はたていじ訳　福音館書店　1965）が220万部とそれぞれミリオンセラーを記録している。

手を合わせたりとユニークな挨拶が次々と出てくる。それぞれ歴史や風土の中から生まれてきたものであろう。「文化」というものを身近に考えることができる。

『ほんとのおおきさ動物園』(小宮輝之監修　福田豊文写真　学研　2008) は動物の写真をすべて実物大で載せたものであり，大きな動物は本の中にはおさまりきれない。そこで目の周りを中心として写真に撮ったものである。動物園に行ったからと言って，巨大な動物と自分とを並んで比べられるものではないが，この本では，顔と顔を重ねて比べることもできるようになっている。

科学の絵本にも定評のあるものは多いが，公共図書館司書や学校司書の多くは文系出身者であることから，科学絵本の良さを生かした活動が必ずしも十分になされてきたとは言えない。その中で近年「理科読」を推奨するグループが科学の本の読み方についてさまざまなアプローチを提唱している[9]。同書からは，子どもを科学の絵本や科学読み物へ導くためには，物語絵本とはまったく異なる手法が求められていることがわかる。科学の本の読み聞かせは，ただ本を読むだけでは，単なる科学的事実の確認に終わってしまいがちである。科学読物研究会の坂口美佳子は，同書の中で，「よい科学絵本のポイント」を三つ挙げている。「一つの真理をじっくり取り上げた本」「やさしくておもしろい本」「だれにでも追体験できる実験ののっている本」である。特に最後のタイプの本は，「科学あそび」を伴うと，本の内容の理解度に各段の違いが出る顕著な例である。「科学あそび」とは，坂口によれば，「みんなで一緒に実験をしたり，ものづくりなどをしたりしたことで，遊びの中で科学のおもしろさ，楽しさを体験しようとするもの」である。「科学の本の読み聞かせ」が効果的であった例として，紙コップや風船を使って，音が糸や空気を振動させて伝わることを体感したあと，絵本『いとでんわ』(小林実文　小林桜子イラスト　福音館書店　2000[10]) の読み聞かせを行った取り組みなどがあり[11]，内容の理解を深めることに効果をあげていた。

9：滝川洋二編. 理科読をはじめよう. 岩波書店, 2010, 178p.

このような取り組みは，従来，科学館や地域の有志が実践を担ってきたが，今後は「理科読」への注目の中で，図書館や学校においても実践が拡がることが望ましい。いわば「絵本からの理科教育」である。子ども向けに易しく書かれた科学絵本を素材にすることで，科学の専門家でない大人にとっても気軽に取り組めることも，この手法の利点の一つであろう[12]。

e．しかけ絵本

シンプルなしかけでありながら子どもたちに絶大な人気を誇っている『はらぺこあおむし』（エリック・カール作　偕成社　1979）は，りんごやみかんの絵の，あおむしが食べたところに丸い穴をあけただけのものである。穴に指を入れながら「月曜日，りんごをひとつ，食べました」と，声に出して読んでいる子どもの様子を見ることができる。

近年は大人をも魅了する大がかりなものも出版されている。紙の魔術師と呼ばれるロバード・サブダは，代表作『ふしぎの国のアリス』（ルイス・キャロル原作　ロバート・サブダ文・絵　大日本絵画　2004）のほかに，『恐竜時代』（ロバート・サブダ　マシュー・ラインハート作・絵　わくはじめ訳　2005）があり，35体の恐竜がページを開いた途端にせりあがってくるしかけがある。

しかけ絵本は紙細工とはかぎらない。『光の旅かげの旅』（アン・ジョナス作　内海まお訳　評論社　1984）は，物語の中ほどで本を180度回転させると，それまでとは別の視覚世界へ読者を案内するユニークなしかけを有している。

f．字のない絵本

写真絵本も含め，言葉はなく，絵だけで表現されている絵本にもさまざまな種類がある。

『はるにれ』（姉崎一馬写真　福音館書店　1981）は北海道の原野に立つ一本のハルニレの木の1年を写したものである。写真からはカメラマンの被写体に

10：現在購入は難しいが，1969年の初版以来，版を重ね，福音館書店からの復刊をはじめ，他出版社からの版もあるため，公共図書館や学校図書館に所蔵されている可能性の高い本である。
11：前掲注9の共著者である土井美香子氏による実践である。
12：西村寿雄．大人も読んで楽しい科学読み物90冊．近代文芸社，2009，249p．

対する愛情が伝わってくる。この絵本に接する子どもたちには，写真でありながら自然科学の本ではなく文学的なにおいを感じ取るのか，見開きページから吹雪の音や初夏の日差しを読み取ろうとするかのような熱心さが見られる。

『旅の絵本』（1～7　安野光雅作　福音館書店　1986-）は一人の旅人が旅を続けるさまが，実に緻密に書き込まれている絵本である。絵の中にはしかけがあり，名画や昔話・名作の一場面などが描きこまれており，それを探す楽しみもある。安野光雅には他にも『ふしぎなえ』（福音館書店　1981）『はじめてであうすうがくのほん』（福音館書店　1972-1974）など，さまざまな分野での傑作が多々ある。眺めるだけでも，自分でストーリーをつくっても楽しめる。

『あかいふうせん』（イエラ・マリ作　ほるぷ出版　1976）は，美しく鮮やかな赤と緑だけのイラストで，ふうせんガムが花になり，蝶になる形の変化の妙を示す。

『アンジュール』（ガブリエル・バンサン作　BL出版　2000）は捨てられた犬が主人公である。白黒のデッサン画だけが読者を物語の世界に案内する。しかしその表情は豊かに感情をあらわし，子どもたちは容易にストーリーを追っていくことができる。

字のない絵本は言葉がないことによって，逆に，子どもたちにより自由で豊かなストーリーを想起させる余地を残しているとも言える。

g．大人のための絵本と読書へのアニマシオン

絵本の世界は，その表現の豊かな可能性から，あらゆるテーマがさまざまな方法で著されるようになった。社会的メッセージ性の強いもの，主義主張の明確なものも絵本のかたちで出版されるようになり，絵本と一般書との境界があいまいになってきている。「漫画」が独立した一つのジャンルであるように，いまや「絵本」も，新たなジャンルを築いていると言えよう。

2003年に，ノンフィクション作家の柳田邦男が「今，おとなこそ絵本を読もう」というキャッチフレーズで，大人を対象とした絵本をすすめるキャンペーンを実施した。しかし柳田自身が「これらは解釈や意味づけを『おとなの眼』で見たものである。」と述べているように，特別に大人のために書かれたもの

をいうのではなく，自分の人生経験に重ね合わせて生や死を問う本のことを指している[13]。その意味では，絵本の対象読者は乳幼児から，ヤングアダルト，大人まで，非常に幅広いということができるだろう。

　読書へのアニマシオン実践家の黒木秀子は，著書[14]の中で，タシャ・チューダーの『すばらしい季節』をアニマシオンの「作戦30」の素材として提案している。なにげなく読み飛ばしてしまう絵本の中の多くの要素，特に細やかに描かれた素材を発見することは，読みの力を育てる一つのステップとして，大人にとっても新鮮な体験となる。読書へのアニマシオンは，本来読みの過渡期にある青少年向けの読書活動であるが，素材と作戦の組み合わせによっては，大人も含めたさまざまな対象への実践が可能である。

（2）物語・文学とその活用

a．評価の定まった児童文学・古典

❶小学校低学年向け　　この年齢層の子どもたちに人気の作品は，身近な場所が舞台となっているものである。『いやいやえん』（中川李枝子作　大村百合子絵　福音館書店　1974）は保育所に通う子どもたちが主人公であり，現実と空想の世界を自由に行き来する7編が収録されている。子どもたちは本の登場人物も自分たちの仲間として親近感をもってつきあう。絵本ではない「字の本」の読み聞かせを，耳と挿絵で楽しむ。小学校1年生に読み聞かせをすると，冒頭，登場人物たちが年下だと知ってなんとなく優越感を持つようである。ほとんどの子どもはすぐにお話の世界に入りこむが，中には，いたずらっこしげるをいさめるようなつぶやきをもらす子どももいる。1編を読み聞かせすると，自分で読もうと手をのばしてくるので，読むことが不慣れな子どもに対しては，耳からの読書による手助けが有効であると実感する事例である。

❷小学校低学年〜中学年向け　　　　『エルマーのぼうけん』（ルース・スタイル

13：柳田邦男．砂漠でみつけた一冊の絵本．岩波書店，2004．
14：黒木秀子，鈴木淑博．子どもと楽しく遊ぼう読書へのアニマシオン—おすすめ事例と指導のコツ．学事出版，2004．

ス・ガネット作　ルース・クリスマン・ガネット絵　渡辺茂男訳　福音館書店　1964）は，どうぶつ島にとらわれているかわいそうな竜をエルマー少年が助けに行く物語である。エルマーがリュックに入れて持っていったものは，チューインガムや棒つきキャンディー，輪ゴムなどである。エルマーは次々と困難に直面するが，それらをうまく使うことによってエルマーを困難から救うことになる。挿絵も魅力的で学級集団を対象とした連続読み聞かせにも適している。

　『くまの子ウーフ』（神沢利子作　井上洋介絵　ポプラ社　1979）は絵本にもなっている。絵本で親しんだ「ウーフ」が「字の本」にもいるということが子どもにはうれしいらしい。背表紙だけでは見落とされるが，表紙を示してやると手に取っていく。「ウーフはおしっこでできているか」など，幼い子が抱きそうな疑問がテーマになっており，言葉を添えると興味を示す。

■3 小学校中学年〜高学年向け　　『ドリトル先生アフリカゆき』（ヒュー・ロフティング作　井伏鱒二訳　岩波書店　1951）をはじめ，ドリトル先生シリーズには明るいユーモアと人間味があふれている。動物の言葉がわかるドリトル先生と動物たちのやりとりも楽しい。「動物と話せる」というところから子どもたちの興味関心に食いこんでいく。ここから他の岩波書店のシリーズや，同じような文章量の作品に進んでいくきっかけとなることもある。

■4 小学校高学年〜中学生向け　　たくさんのファンタジーシリーズがある中で，『影との戦い』ゲド戦記1（アーシュラ・K・ル・グウィン作　神宮輝夫訳　岩波書店　1979）は，この時期にこのシリーズに触れた多くの人にとって大切な「この1冊」となっているようである。作家の上橋菜穂子氏は「私があれほど『ゲド戦記』に心惹かれたのは，賢人たちに導かれて，世界とは何か，生や死とは何かを探求していく，その感覚にあったのかもしれません」と本書に寄せる思いを熱く語る[15]。作者が独自に築き上げた世界を舞台に，自己との葛藤と魂の成長をドラマチックに描くビルドゥングスロマン（Bildungsroman 成長物語）の典型であろう。

15：徳間書店アニメーション文化財団. 季刊トライホークス. 2006, vol. 春.

『モモ』（ミヒャエル・エンデ作　大島かおり訳　岩波書店　1980）は時間に追われる現代を風刺したファンタジーである。自分を見つめることは，まずは自分の生活を考えることでもある。すなわち自分の時間を管理することである。子どもたちも毎日忙しい。学校でも放課後の生活も，決められたこと・命じられたことに従うだけとなってしまいかねない。だからこそ自分を一歩離れてみることができるような，ひとまわり大きな虚構の世界の中に遊ばせたい。

　現実の社会問題を直視する本もある。中学校の国語教科書に長く掲載されてきたおかげで知られている『あのころはフリードリヒがいた』（ハンス・ペーター・リヒター作　上田真而子訳　岩波書店　1980）や，太平洋戦争時代，中国満州の日本人少女を主人公とした『二つの国の物語』（赤木由子作　理論社　1980）などによって，国家と個人をも考えてもらいたい。

　そして『ともしびをかかげて』（ローズマリ・サトクリフ著　猪熊葉子訳　岩波書店　1980）にはじまる一連の歴史物語は，人類の歴史を俯瞰するような壮大さがある。名もなき人々が連綿と今を築いてきていることを実感できるだろう。

b．子どものための新しい文学と朝読書

　近年，日々おびただしい数の児童書が出版され，それらはまさに玉石混交である。町の書店にはカラフルな表紙やマンガ的な挿絵の児童書があふれている。このような出版事情の中で，図書館は子どものためにどのような選書を行うべきだろうか。

　子どもの読書はまず背表紙さがしからはじまり，図書館の蔵書構成自体を環境として育つともいえる。子どもに読書の自由を保障するということは，与えられた環境の中で，可能な限り豊かな本の世界を展開してみせるということである。子ども達が自分で自分の読みたいものを選べる，自立した読書人となるために，人類の財産として受け継がれている世界中の児童文学を提供したい。

　現代創作文学の中ですでに高い評価を受けているものとして『精霊の守り人』（上橋菜穂子作　偕成社　1996）がある。この「守り人」シリーズもまた壮大な冒険ファンタジーである。「人」としての生き方のみならず，「組織」と

いうもの，「国」のありかた，国と国との外交など語られる世界は幅広い。主人公は中年女性と異色であるが，1巻を小学生のときに読んでチャグム皇子と出会い，ともに成長していく読みのパターンもあり幅広い年齢層に受け入れられている。

　近年この分野で目立つものは，これまでなじみのない国を舞台とした文学である。たとえば鈴木出版の海外児童文学シリーズは，現代の中東やインド，アフリカなどで生活する子どもたちを主人公として，「今を生きる世界の子どもたち」という視点で編集されている。『イクバルの闘い』(フランチェスコ・ダダモ作　荒瀬ゆみこ訳　鈴木出版　2004) は，パキスタンのじゅうたん工場における児童労働を告発する作品である。主人の体罰にも辞せず，失敗にもあきらめずに脱走し，他の子どもたちを救ったイクバル少年の実話をもとにしている。非力な子どもでありながら大人の権力に対して敢然と立ち向かったイクバルの勇気には，同世代の子どもとして何か感じるものがあることだろう。

　中学生の思考世界は，いわば「半径50メートル」の世界ともいえ，身近な話題でないと反応しない生徒も多い。バスケットボール部の子はバスケットボールだけ，野球部の子は野球の本しか手に取らないこの時期こそ，読書の基礎体力をつけてほしい。基礎体力がつくような本は，なかなか書店の店頭だけで選ぶことは難しく，時を経て質の高く専門的な選書を追究してきた図書館という場でこそ可能となる。図書館には読み手の発達に配慮したコレクションの存在があることを中高生にぜひ知ってほしい。

　評価の定まっている古典的児童文学のガイドブックは数多くある[16]。加えて近年の出版物について知るための資料としては，NPO図書館の学校が2000年より毎年1冊刊行している冊子『子どもの本〜この1年を振り返って〜』(リブリオ出版・図書館の学校・岩崎書店発行　2001-) がある。絵本，フィクション，ノンフィクション，ヤングアダルトそれぞれの分野に分け，その年の出版傾向も報告されているので出版傾向を総覧するためにも参考になる。

16：本書巻末に参考文献リストを付しているので参照されたい。

現代の創作文学の出版・流通に少なからず影響をもたらした要因として，近年の学校における「朝の読書」運動が挙げられる[17]。「朝の読書」運動の広がりにより，子どもたちが学校で本を読む時間が確保されるようになった。その際に人気のあるものが，手軽に持ち運べる文庫である。それまで子ども向け文庫といえば古典を中心とした「岩波少年文庫」（岩波書店）に代表されていたが，「青い鳥文庫」（講談社）は積極的に書き下ろし創作文学を取り入れ，人気を博している。はやみねかおるの「夢水清志郎シリーズ」（1994-），松原秀行の「パスワードシリーズ」（1996-）などは小学生の間でロングセラーとなり，昨今の児童文庫活況の発端となった。

　また，朝のわずかな時間でもひとまとまりのものが読めるようにと，短編集やアンソロジーも盛んに編集されるようになった。中でも，1996年発行の松谷みよ子責任編集「怪談レストランシリーズ」は続々刊行を重ね，2011年2月現在52巻まで出版されている。このシリーズ以前にも「学校の怪談」は人気があったが，「怪談レストランシリーズ」はハンディサイズであることも子どもたちに受け入れられた要因と思われる。しかしこれらのいわゆる「軽読書」には，手軽ゆえに読み手をそこから先に進めさせない問題点もある。易しい物語だけを読んでいては，読書の基礎体力が付かず，より複雑な文章を読む力にはつながらない。公共図書館や学校図書館において専門的な読書支援が望まれるところである。

c．小説以外の文学（詩歌・エッセイ・紀行など）

　詩は，人とともに常にあり，言葉の響きを楽しむという点で，詩歌は散文よりも先に存在したといえる。子どもたちは言葉遊びを含め，詩が大好きである。『ことばあそびうた』（福音館書店　1973）をはじめとする谷川俊太郎の多種多彩な詩の数々や，童謡「ぞうさん」の作詞で知られるまどみちおの『てんぷらぴりぴり』（大日本図書　1977）など数多の詩集は，小学生から高校生に至る

17：朝の読書推進協議会．"「朝の読書」全国都道府県別実施校数一覧"．2011-12-05．http://www1.e-hon.ne.jp/content/k_46-0215.html，（参照2012-05-01）．このWebサイトでは，毎週月曜日更新で朝の読書実施校の調査を行っている。

まで子どもたちの心をつかんでいる。アンソロジーも優れたものが編まれており，茨木のり子，大岡信，川崎洋，岸田衿子，谷川俊太郎らの詩人が，万葉集から現代詩までを総覧して選んだ『おーい　ぽぽんた』（福音館書店　2001）などがある。『ぱたぽん1　幼い子の詩集』（田中和雄編　童話屋　2002）には，A.A.ミルンやファージョンなど海外の詩も紹介されている。

　詩歌は小学校から高校まで，国語科の授業で繰り返し学習するものでもあり，その存在と価値は大きく，必要性も高い。潤沢に資料をそろえ，常に利用可能にしたい。平成23年度実施の新学習指導要領では，小学校から古典に触れることを推奨しているため，小学生向きの論語や漢詩の本の出版も相次いでいる。詩や名句の仲間として子どもたちの身近に置いておきたい。

　児童向けエッセイでは『小学生日記』（hanae著　プレビジョン　2003）が読者等身大の日常が読書の経験とともに語られていて，小学生にも共感をもって読めるようである。著者は引き続き『本を読むわたし』（hanae改め華恵著　筑摩書房　2006），『ひとりの時間』（華恵著　筑摩書房　2007）と著作を重ねている。

　『アラスカ光と風』（星野道夫著　福音館書店　1995）をはじめ，エッセイでもあり，紀行文でもある星野道夫の一連の著書は，文章を追うことにより著者とともに極北の地へ，そして思索の世界へと踏み込むことができるだろう。

（3）ノンフィクション作品とブックトーク

　先行していた岩波書店「岩波ジュニア新書」（1979-），筑摩書房「ちくまプリマーブックス」（1987-）に続いて，イースト・プレス「よりみちパン！セ」（2004-），筑摩書房「ちくまプリマー新書」（2005-）など，新書勢が刊行されてきているので，さしあたってはあらゆる分野のことを，かみくだいた読みやすい形で子どもに提供することが可能になった。絵本分野のノンフィクションもめざましい。

　ここで特筆しておきたいことは，子どもが世界に向かって発信した事例である。現代創作文学の節でとりあげた『イクバルの闘い』のモデルとなった事件

に衝撃を受けたカナダのクレイグ・キールバーガー少年は，児童労働について調べ，苦しんでいる子どもを助けるためには自分たちが立ち上がるべきだと仲間を募った。『僕たちは自由だ』（クレイグ・キールバーガー，ケビン・メジャー著　佐光紀子訳　本の泉社　2000）は，フリー・ザ・チルドレン（FTC）を12歳で設立したクレイグ・キールバーガーが，児童労働の実態を自分の目で確かめるためバングラディシュ，タイ，インド，ネパール，パキスタンの5か国を旅したその記録とFTCの活動が紹介されている。

　また『あなたが世界を変える日』（セヴァン・カリス＝スズキ著　ナマケモノ倶楽部編・訳　学陽書房　2003）は，1992年ブラジルの環境サミットに集まった世界の指導者たちを前にした，12歳の少女セヴァン・スズキのスピーチである。このスピーチは彼らの心を動かした。これらの本は日本の子どもたちに，世界へ目を向け，自らが発信する可能性を考えるきっかけになるだろう。

　確かな性情報も重要である。『すばらしい誕生の物語』（リヨネル・ジャンドロン著　ジャック・トレンブレイ絵　中島公子・中島さおり訳　女子パウロ会　1985）や『セックス・ブック10代からの心と体の辞典』（ジェーン・バヴァネル著　富永星訳　河出書房新社　2008）のような堅実な本がいつでも見られることが望ましい。2011年2月15日の毎日新聞には「妊娠の知識　日本最低水準（英大調査）」という見出しが出た。性の知識は自分の健康を守り，人生を設計していく上で不可欠である。しかし，性情報はどうしても友達の口コミや雑誌情報，ネット情報に頼りがちである。その結果，子どもたちは興味本位に作られたアダルト映像やレディスコミック等が発する誤った情報にさらされている。

　このような子どもの自主性に任せていては手に取られにくい本を紹介する活動にブックトークがある。ブックトークというと，これまではどうしても文学中心の傾向が強かったが，ここでは，自然科学の本や社会科学の本を用いた読書の世界の楽しみ方を紹介したい。

a．科学の本　ブックトーク例

テーマ：惑星
対　象：小学校6年生
ねらい：宇宙への興味を広げる
設　定：冥王星が惑星ではなくなったニュースをきっかけに，4年で学習した月や星の知識をもとに読書をよびかける。

	つなぎの言葉 書名　著者　出版社等	紹介のポイント
導入	なぜ冥王星が惑星ではなくなったか	
1	太陽の周りにはどんな惑星があるのか 『宇宙探検』ピーター・ボンド文　小葉竹由美訳　福音館書店　2001	p.6,7をざっと説明し開いておく。2006年に冥王星が，存在自体は変わらないのに惑星ではなくなった。それは，人間の考え方が変わったから
2	自然は変わらず人間の考えが変わっただけのことでみんなが知っていること，「それでも地球は回っている。」 『ガリレオ』フィリップ・スティール著　赤尾秀子訳　BL出版　2009	ガリレオの生涯，望遠鏡で多くの発見をしたこと，教会との論争について概略紹介。ガリレオ時代の宇宙と今の宇宙概念を紹介
3	ガリレオの発見を助けたものは何か？　冥王星が惑星から準惑星になったのも「発見」があったから 『なぜ，めい王星は惑星じゃないの』布施哲治著　くもん出版　2007	望遠鏡によって，宇宙の神秘が明らかになる。最終章「すばらしい時代に生きているあかし」を中心に紹介
4	ここに現代の日本が誇る，数々の新しい技術革新で装われた新世代望遠鏡がある 『大望遠鏡「すばる」誕生物語』小平桂一著　金の星社　1999	「すばる」のホームページからプリントアウトした画像を掲示。すばる完成までにどのような困難があったか，そして完成の喜びと希望を紹介
5	知れば知るほど宇宙は私たちをひきつける。その宇宙を体感した男の子がいる 『宇宙への秘密の鍵』ホーキング著　さくまゆみこ訳　岩崎書店　2008	スーパーコンピュータ〈コスモス〉によってリアル宇宙の旅へと導かれ，星の誕生と死や彗星を知っていく主人公。 小説なのでドラマチックにミステリアスに
まとめ	宇宙は大きな夢に満ち溢れている。たくさんの本によってその宇宙の秘密を知り，ますます知りたくなっていくだろう	

b．社会の本　ブックトーク例

テーマ：差別
対　象：中学校1年生
ねらい：差別とは何か，自分に関係がないものなのか考える
設　定：人権週間など折りを捉えて，いじめや差別について考えたいとき

	つなぎの言葉 書名　著者　出版社等	紹介のポイント
導入	いじめや戦争中のユダヤ人迫害など，そのとき生徒たちが学んでいたり，身の周りで話題になっていたりすることから	
1	差別というと，人種差別がまず挙げられる生徒たちに直接問う本がある 『ぼくのものがたり　あなたのものがたり』ジュリアス・レスター文　カレン・バーバー絵　さくまゆみこ訳　岩崎書店　2009	著者に代わって生徒たちに問いかけ，実際に受け答えしながら，本文を読みすすめていく
2	この日本は，人種差別とは縁がないのだろうか 「朝日新聞夕刊連載記事　差別を越えて2010.1.26」 本ではないが，より現実味を感じさせるために紹介	日本は人種や宗教ではなく，すまいの場所と血筋で差別する。日本の差別・被差別部落について。「猿の次郎，反省ザル」猿回しの村崎太郎氏の記事から紹介する
3	この被差別部落がどのように生まれてきたか 『絵本　もうひとつの日本の歴史』中尾健次・西村繁男著　解放出版社　2007	歴史というと表舞台で活躍した人を追いがちだが，これは社会の移り変わりを描いたもの。解説とともに場面を紹介する
4	ほとんど毎日食べている食肉と部落差別は関係がある 『いのちの食べかた』森達也　理論社　2004	食肉業のことや差別のこと，知ろうとしない責任が戦争とも関係することなどの部分を紹介
5	大切なのは，知ること。こんな差別も知らないから存在するのかもしれない 『さわってごらん，ぼくの顔』藤井輝明　汐文社　2004	障がい者差別や弱者に対するいじめについて，本文中の著者の経験と照らし合わせながら紹介
6	重いテーマだが大きなエネルギーをもった一気読み小説で最後をしめる 『ホエール・トーク』クリス・クラッチャー作　金原瑞人他訳　青山出版社　2004	とてもクールで真剣。毎日がひりひりするほど張り詰めている TJ が，障がいや問題を持つはみ出し者ばかりで水泳チームをつくることになった。あらすじ紹介
まとめ	誰もが自分の物語の主人公。自分もみんなも尊重される社会でありたい。それは知ることからはじまる。行動を起こすと摩擦も起こるが，それも知ることの一部。何がおこっているのか，自分で見て確かめて判断しよう。知っていこう知らせていこう	

3．ヤングアダルト資料の新展開

　ヤングアダルト（YA）向け資料については，7章のヤングアダルトサービスでも詳述されているため，本節では，特に近年新しい展開のある領域について触れる。

（1）ロールモデルの探求とキャリアプランニング（伝記と職業教育）

　かつて伝記といえば偉人伝であったが，近年は，現在活躍中の人の半生記や，絵本で一部分をピックアップして紹介したものなども「伝記」として紹介されるようになった。その人物の完結した業績だけではなく生き方そのものが描かれるようになった。ファッションデザイナーのココ・シャネルや，登山家・今井美智子など活躍している女性たちの伝記シリーズにも「こんな生き方がしたいな」（理論社　1997-）というシリーズ名が付けられている。

　ニートの急増，就職率の低下，新卒者の早期離職率の増加などを受けて，近年，文部科学省もキャリア教育を推進している。単に職業の紹介をするだけではなく，生き方そのものと結び付けたノンフィクション形式のものが増えてきた。『新13歳のハローワーク』（村上龍文　はまのゆか絵　幻冬社　2010）は図鑑に近い形式をとり，職業の羅列ではなく，好きな教科を入り口に案内している。

　「夢を持て」「好きなことを仕事にしろ」と呼びかけるものは多いが，「好きなこと」と「生計をたてる」ことの双方を考えていくことは難しい。理想を追うことと現実を直視すること，さらにどんな状況にあっても自分を信じ，自暴自棄にならないことについては，フィクション，ノンフィクション問わず，多様な資料を提供することが重要である。図書資料は自分の関心のあることについて，複雑に絡み合う社会の全体像を見せてくれる。いろいろな本を紹介することもキャリアプランニングの一方法であろう。徳渕真利子『新幹線ガール』（メディアファクトリー　2007）は，ホテルウーマンを目指した著者が一度は

挫折し，新幹線のパーサーとして適性を見出し活躍する姿を綴った体験記であるが，等身大の若い女性の職業体験が描かれており，大きな反響を呼んだ作品である。

（2）情報・メディアの活用と批判的思考の育成

　欧米に比べ，日本におけるヤングアダルト（YA）サービスには，図書館サービスにおける一種の空白・停滞感が感じられる。その理由として，公共図書館側のティーンエイジャー世代に対する知識や接触体験の不足，対象児童・生徒の側の，学業やクラブ活動などによる活字離れ・図書館離れなど複数の要因があげられる。

　米国やオーストラリアなどでは，近年インターネットを活用したYA世代への呼びかけに力を入れている。全米図書館協会（ALA）の過去の「ティーンのための読書週間」のWebサイトでは，5-1図のような，ティーン向けのポップなデザインが採用された。また同協会の各種の"Read"（読もう）ポスターには，ハリウッドの有名俳優が登場[18]するなど，注目を集めるための工夫も見られる。

　一方で欧米の図書館では，コンピュータやインターネットが使えるICT環境のYAへのアピールにも熱心である。日本では公共図書館の児童コーナーやYAコーナーにコンピュータが設置されているところはまだ少ないが，新しいメディアに敏感な世代であるからこそ情報・メディアとの接触を通した批判的思考力の育成にも意識的・積極的に取り組むべきである。

　シンガポールでは，地域図書館のYAコーナーの運営を中学生の正課活動のボランティア時間に当て，現役YA世代の意見を取り入れたコーナー運営を行っている。フロアの一部にコンクリート製のマウントを設置する，スナックや飲み物の自動販売機をYAコーナー近くに設置する，さらにはマンガコ

18：米国図書館協会（ALA）オンラインストアのポスター部門から閲覧できる。American Library Association. "ALA Store Posters". ALAstore. http://www.alastore.ala.org/SearchResult.aspx?CategoryID=157,（参照2011-12-06）。

5-1図　Teen Read Week の Web ページのバナー[19]

ーナーの設置や展示等，ティーンエイジャーの嗜好に配慮していることがわかる。

4．障がいを持った子ども向けの資料

（1）さわる絵本・布の絵本

　公共図書館では，1970年代以降，視覚障がい者の訴えや要望に応えるべく，点字資料や対面朗読，録音テープの提供など，読みへのアクセスの確保に努めてきたが，特に子どもの視覚障がい者を対象としたサービスや資料はまだ限られており，わずかに「さわる絵本」が，知覚に訴えるメディアとして存在する程度である。「さわる絵本」は，繰り返しての使用に耐えられるよう布製のものが多いため，「布の絵本」と称されることもある。

　千葉県市川市中央図書館の例では，市民サークルが布の絵本やおもちゃを製作しており，中央図書館がオープンした際（1994年）に，図書館に寄贈することになった。現在は前団体から製作方法などを引き継いだ別のボランティアグループに図書館が材料費を提供し，要望を伝え，製作を依頼している。このように「さわる絵本」や「布の絵本」は，一部を除き，市販化されておらず，製作の多くをボランティアに頼っているのが現状である。

19：米国図書館協会（ALA）による2008年の Teen Read Week の Web ページのバナー。http://www.ala.org/ala//mgrps/divs/yalsa/teenreading/trw/trw2008/index.cfm，（参照2012-05-07）．

5-2図　はらぺこあおむし[20]　(撮影：高桑弥須子　製作：グループふわふわ)

（2）点訳絵本

　点訳絵本とは，絵本の文章部分を点訳し，ビニール製の透明なシートに点字を印字したものを原本の活字部分に貼付したものである。出版社から市販されているものもあるが，点数が限られているため，「さわる絵本」や「布の絵本」と同様にボランティアの制作に頼らざるを得ない等の課題がある。

（3）マルチメディア DAISY

　DAISY（Digital Accessible Information System）とは，「視覚障害者や普通の印刷物を読むことが困難な人々のためにカセットに代わるディジタル録音図書の国際標準規格として，約40ヵ国の会員団体で構成するデイジーコンソーシアムにより開発と維持が行なわれているアクセシブルな情報システム」である[21]。そもそも音声資料として開発されたDAISYは，その後マルチメディア化によって動画と音声の連動が可能となったことで，利用対象者を，ディスレク

20：さわる絵本の例　『はらぺこあおむし』千葉県市川市立中央図書館所蔵。
21：日本障害者リハビリテーション協会．"エンジョイ・デイジー　私らしい方法で読む，わかる！"．Enjoy DAISY．2011-11-29．http://www.dinf.ne.jp/doc/daisy/index.html,（参照2011-12-06）．

シア（dyslexia）と呼ばれる読字困難や学習障がいを抱えた子どもたちに拡げることとなった。

　子どもの障がいについては，従来 ADHD（注意欠陥・多動性障がい）などの発達障がいが注目されてきたが，近年，学習障がいの子どもたちの中に高い割合でディスレクシアの子どもたちが存在することが日本でも注目されるようになった。同時に，マルチメディア DAISY を活用した学習が，困難や障がいの克服に一定程度成果があることが認められつつある。

　日本では2008年にいわゆる「教科書バリアフリー法」，2010年に改正「著作権法」が施行されたことを背景に，それまで視覚障がいなど身体的な障がいに制限されていた利用対象が学習障がい者に拡大され，全国で DAISY 教科書や DAISY 図書の利用者数が飛躍的に増加しつつある。

　代表的な利用集団の一つであるディスレクシアの人々の困難の実態は，日本では診断や研究の遅れからなかなか社会認知が進まなかったが，日本障害者リハビリテーションセンターの精力的な活動によりマスコミでも取り上げられる機会が増え，少しずつ理解が広まりつつある。しかしながら読字の困難の症状や度合いはさまざまで，一人の子どもが複数の学習障がいの一つとして抱えていることも多く，周囲にはなかなかその実態が伝わりにくい。学校教員や図書館員にもその症状の理解や支援システムとしてのマルチメディア DAISY の有効性が浸透していないことは問題である。

　マルチメディア DAISY は，テキストを読みあげている箇所をマークが移動することで音声と連動するために，文字認識の困難や，文字を追いにくい症状がある子どもに対する支援の有効性が指摘されている。さらに読み書きのトレーニングの初期にあたる小学校低学年までの子どもの中には，障がいではなくとも文字の読み書きの習熟に課題をかかえる子どもが少なからずいることを考えると，マルチメディア DAISY の役割は障がい者支援に留まらない。活字へのアクセスに不自由を抱えるすべての人，たとえば老化や疾病によって生じた視覚不良などの困難を抱える人を含めて，あらゆる出版物，活字資料のユニバーサルデザインとしてのマルチメディア DAISY について，社会全体の認知の

（4）LLブック，大活字本

　LLブックという概念がある。日本では，2008年に近畿視覚障害者情報サービス研究協議会LLブック特別研究グループが，「LLブック・マルチメディアDAISY資料リスト」を制作し公表している[22]。

　同資料（p.3）で服部敦司はLLブックについて以下のとおり解説している。

> 「LL」とはスウェーデン語の「やさしく読める」という語のLattlastの略語であり，LLブックの日本語訳としては，「わかりやすく読みやすい本」ということになるだろう。使用する文章や用語を平易なものにするだけではなく，イラストやピクトグラム（絵文字）等の表現を用い，レイアウトにも工夫し，「わかりやすさ」(easy to read)を追求した資料といえる。
> 　対象は知的障害や自閉症のある人，学習障害，読み書き障害のある人等で児童に限らず，ヤングアダルトから成人までを含む。

　上記の定義には含まれていないが，特に弱視者を対象としたものとして，日本の図書館でも一般的に見られる資料には，大活字本と呼ばれる，版型の大きな図書に，大きな活字で印刷した弱視者向けの図書がある。

　また聴覚障がいの子どもたち向けには，手話付きのおはなし会などが開催される例も存在する。

　すべての図書館関係者は，図書館所蔵資料へのアクセスを阻むバリア（障がい）について鋭敏な感覚を持たなければならない。児童もまた例外ではないことを認識し，児童サービス担当者には読字・読書・学習の支援について常に最新の情報入手が望まれる。

22：近畿視覚障害者情報サービス研究協議会LLブック特別研究グループ. LLブック・マルチメディアDAISY資料リスト. PDF, http://homepage2.nifty.com/at-htri/LL&DAISYList090113.pdf, (参照2012-05-01).

6章　乳幼児サービス

1．ブックスタートとフォローアップ

(1) ブックスタートとは

　ブックスタートとは，「すべての赤ちゃんのまわりで楽しくあたたかいひとときが持たれることを願い，一人ひとりの赤ちゃんに，絵本を開く楽しい体験といっしょに，絵本を手渡す活動」（NPOブックスタート支援センター）である。ブックスタートは，地域に生まれたすべての赤ちゃんを対象に，市区町村自治体の活動として０歳児健診などで実施されている。ブックスタートは，赤ちゃんや保護者がその後，図書館の乳幼児サービスを利用するきっかけになることも多く，地域ぐるみの活動として注目されている。

　ブックスタートは，1992年に，"Share books with your baby！（赤ちゃんと絵本を介して楽しいひとときをわかちあおう）"をいうキャッチフレーズとともに英国で開始された。英国では，教育基金団体ブックトラスト（Booktrust）が中心となり，バーミンガムでの試験実施を経て，2005年より政府の全面的な財政支援によりほぼ全国で実施されている[1]。このように，英国でのブックスタートは，読書の環境や子どもの育つ環境を豊かにする取り組みとして，また保護者への子育て支援策として捉えられており，社会的に広い支持を得る活動として発展している。各地域では，図書館司書と乳幼児保健の専門家などが連携し，０歳児健診の機会に絵本などが入ったブックスタート・パックを手

1：英国では，2011年4月からBooktrustの読書推進活動プログラムに対する教育省からの財政的支援が打ち切られる危機があったが，その後，支援が継続されることとなった。

渡している。

　日本では，2000年の「子ども読書年」をきっかけとして，「子ども読書年」推進会議（子どもの読書に関わる団体，企業，個人から構成）での検討を経て，東京都杉並区で試験的にブックスタートが開始された。2001年4月に12市区町村でブックスタートが始まり，全国各地に広がっている[2]。

　日本におけるブックスタートの目的は，赤ちゃんと保護者が絵本を介してゆっくり心ふれあうひとときをもつきっかけをつくることであるとされる。関東地域でブックスタートを実施している図書館を対象として行われた調査では，ブックスタートの目的として，「親子間のコミュニケーションを深める」「子育て支援」「赤ちゃんの心身の成長を助ける」などが多く見られている[3]。

（2）ブックスタートの現状

a．ブックスタートの基本的な実施方法

　ブックスタートの実施方法は地域によって異なるが，基本的な方法は，図書館・保健センター・子育て支援課・住民ボランティアなどが連携し，ブックスタートがきっかけになるように，絵本を開く楽しい体験といっしょにブックスタートのメッセージ（6-1表）をわかりやすく伝えながら絵本の入ったブックスタート・パックを手渡すというものである。絵本は各自治体が選ぶが，NPOブックスタート支援センターは赤ちゃんや絵本に関する知識と経験が豊富な選考委員による「絵本選考会議」を2年に1回開催し，20冊の候補を選び，発表している。2012・2013年度の20冊の候補については，巻末資料に示した。ブックスタート・パックには，絵本以外にも，各地域で準備された絵本リストやおはなし会の案内，自治体が作成した子育て支援機関の一覧など，子育てに

2：2012年7月時点では，全国の1742市区町村のうち，820の自治体で実施されている。実施自治体数は随時更新されるため，NPOブックスタート支援センター（長期的に地域のブックスタートをサポートするために2001年4月に設立された機関）のウェブページ（http://www.bookstart.net/）を参照のこと。

3：中村仁美，南部志緒．ブックスタートの実態調査と効果的な実施方法についての検討．日本図書館情報学会誌．2007, vol.53, no.2, p.75-89.

1．ブックスタートとフォローアップ | 95

6-1表　絵本を手渡す際のメッセージの例

メッセージの内容	具体的内容
1．自己紹介	医師や保健師，図書館員やボランティアなどさまざまな人がいる会場で，保護者に安心して話を聞いてもらうために，名札をつけたり，自己紹介をしたりする
2．ブックスタートについて	ブックスタートが赤ちゃんと保護者に絵本を開く楽しい体験といっしょに絵本を手渡し，心ふれあうひとときを持つきっかけをつくる活動であることを伝える
3．赤ちゃんと絵本を開く楽しさについて	絵本の読み聞かせは早期教育の時間ではないこと，赤ちゃんが大好きな人からやさしい声で話しかけてもらう時間は，赤ちゃんの心のミルクとなり，大人にとっても赤ちゃんと向き合う，ゆったりとした楽しい時間になることを伝える
4．ブックスタート・パックについて	ブックスタート・パックの内容について説明する。たとえば，ブックスタートで手渡される絵本は「いちばんよい絵本」ではなく，「家庭で赤ちゃんと絵本を楽しむ最初のきっかけ」であること，図書館には絵本リストに載っているたくさんの絵本があること，0歳児でも図書館利用カードが作れること，図書館・保健センター・子育て支援センター・ボランティアの活動などを紹介する
5．地域からのメッセージについて	「すべての赤ちゃんが心健やかに育つこと」「地域がみんなで子育てを応援していること」を伝える

（NPOブックスタート『ブックスタート・ハンドブック　第5版』2008より）

役立つ資料などが入っている（6-1図）。

　ブックスタートを実施するにあたっては，会場づくりが必要である。ブックスタートの会場づくりでは，ゆったりした雰囲気でブックスタートを行うことができるようにカーペットやマットを敷いたり，座布団を用意したりするなど，各会場でさまざまな工夫が見られる。また，ポスターや人形などで会場を飾ったり，保護者に絵本に関心を持ってもらうために会場に絵本を展示したりする場合もある。

　ブックスタートでは，単に赤ちゃんに絵本を渡すだけでなく，会場で赤ちゃ

6-1図 ブックスタート・パック
（NPO ブックスタート提供）[4]

んの反応を見ながら読み聞かせが行われている。これは，絵本を単に赤ちゃんに渡すだけでは保護者の中にはまだ早いと思う人がいるかもしれないが，ブックスタートの会場で絵本を手渡す人が読み聞かせを行うことによって，保護者が赤ちゃんと絵本を開く時間の楽しさを実感することができ，家庭での読み聞かせのきっかけになることが期待されるためである。

b．ブックスタートの課題

　ブックスタートの課題としては，ブックスタート・パックを手渡すことができなかった対象者への対応が挙げられる。具体的な対応の方法としては，保健師が健診に来ない対象者に行っている方法（電話，ハガキの送付）に合わせてブックスタートの案内をしたり，保健センターで通常行っている母子保健事業の機会，保健師が行っている健診未受信者への訪問の機会，各機関（図書館，子育て支援センターなど）の催しや窓口でブックスタート・パックを手渡すなどがある[5]。

　また，実施者側にとっては，ブックスタートを実施するための十分な予算を確保することが課題となっている。ブックスタートは，市区町村単位で取り組まれる事業として主に地方自治体の財源によって実施されている。具体的には，図書館事業費，保健課の母子保健事業費，福祉課の子育て支援事業費などで計上されていることが多い。ブックスタート・パックの費用以外にも，研修費，広報費，人件費，継続的に赤ちゃんと絵本を開く楽しさを伝えていくためのフ

4：NPO ブックスタート．"ブックスタートとは"．Bookstart.2012-06-22, http://www.bookstart.net/about/index.html，（参照2012-08-15）．
5：ブックスタート．ブックスタートハンドブック実施編．第5版．2008，ブックスタート，52p．

ォローアップの活動関連の費用など，さまざまな費用が必要となる[6]。予算を確保するために，ブックスタートがどのような取り組みであるのかを広く知ってもらうだけでなく，ブックスタートの成果を具体的に示すことが求められている。

c．ブックスタートの実践例

ブックスタートは，上述のように全国各地に広がっており，NPO ブックスタート支援センターのウェブページには，さまざまな地域の実践が報告されている。以下に牛久市（茨城県）のブックスタートの例を示す（6-2図，6-2表）。

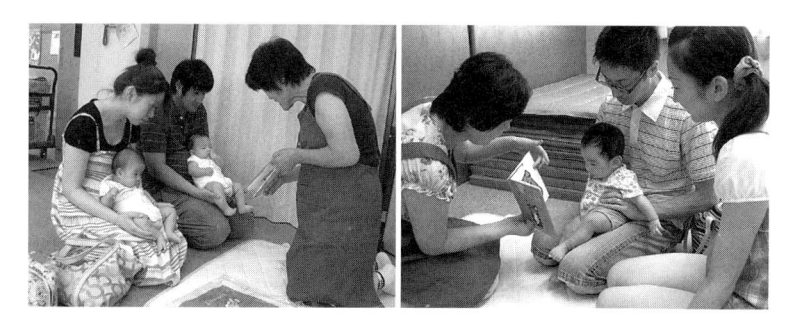

6-2図 ブックスタートの様子（牛久市立中央図書館提供）

d．ブックスタートの効果

英国では，英語が母語でない人たちもブックスタートに参加しており，識字率向上の対策としてブックスタートが注目されてきた。バーミング大学が実施した調査によれば，小学校入学時に受ける基礎学力テストの成績を比較したところ，ブックスタートを体験した子どもたちのほうが体験していない子どもたちよりも全ての科目で得点が高かったという[7]。このようなブックスタートの教育効果が示されたことによって，英国ではブックスタートで赤ちゃんの知的能

6：前掲注5と同。
7：Wade, Barrie; Moore, Maggie. *An early start with books: Literacy and mathematical evidence from a longitudinal study. Educational Review* 50, 135-145, 1998.

6-2表 ブックスタートの流れ（牛久市）*

内容	
広報：健診案内	保健センターが健診受診対象者に送付する健診の案内の中に「ブックスタートの案内」を一緒に入れる。この用紙の裏面がブックスタート・パック引換券となっている
準備：会場づくり	保健センターの1室を借り，マットを敷く。壁を飾り，絵本の展示とポスターの掲示を行う
受付	健診終了後，保健師によって対象の赤ちゃんと保護者が会場に案内されてくる。受付は図書館の担当者が行い，ブックスタート・パック引換券を受け取り，希望者にはその場で図書館利用者カードを作成する
ブックスタート開始	ブックスタートボランティアが1対1で，配布資料をもとにブックスタートのメッセージを伝えながら，ブックスタート・パックを手渡す。ブックスタート・パックの中身は，NPOブックスタート支援センター作成のバッグ，「あかちゃんのすきなものしってる？」という小冊子，図書館作成のブックスタートの説明が書かれた用紙，ブックリスト，子育て支援マップ，公園マップ，図書館利用案内，としょかんだより，絵本1冊**である ①あいさつ・自己紹介 ②ブックスタートの説明 ③「あかちゃんのすきなものしってる？」を開いて説明 ④ブックリスト「012絵本の紹介」を開いて説明 ⑤毎月発行される「図書館だより」を開き，図書館でのフォローアップ活動（おはなし会）などについて説明 ⑥「子育て支援マップ」「公園マップ」について説明 ⑦「図書館利用案内」について説明 ⑧絵本の読み聞かせ
ブックスタート終了	⑨バッグを持って，図書館への来館をうながす
ブックスタート・パックを手渡すことができなかった対象者への対応	・乳児が満1歳に達するまでであれば，図書館の0～2歳児対象のおはなし会「うさちゃんきいて」終了後，ブックスタートに参加できる機会を設定する ・図書館では，未受診者が来館した場合に随時，ブックスタートを受け付ける

*牛久市では，平成15(2003)年6月より3・4か月健診時にブックスタートを開始している。牛久市のブックスタートは，保健センター・ボランティア・図書館の連携により行われている。牛久市立中央図書館は，平成20(2008)年度子どもの読書活動優秀実践図書館図書館被表彰図書館に選ばれている。
**配布する絵本は，毎年NPOブックスタート支援センターから送られる「ブックスタート・パック購入ガイド」の「赤ちゃん絵本20冊」〈http://www.bookstart.net/wg/booklist.html〉を参考に図書館とブックスタートボランティアが実際に絵本を見ながら決定している。

力が発達するという期待が高まり，上述のように識字率向上の認識が広まることとなった。これに対して，日本のブックスタートでは，ブックスタートは早期教育のためのものではないことを強調している。

　日本では，杉並区が4か月健診の際にブックスタート・パックを渡した保護者と渡さなかった保護者を対象として調査を行ったところ，ブックスタート・パックを渡した家庭では，親の絵本に対する興味関心が高まっていることなどが報告されている[8]。また，この他に，図書館などのブックスタート実施側が実感しているブックスタートの効果として，ブックスタート・パック配布時のコットンバッグを持って来館する乳幼児と保護者の増加がある。実際に，前述の牛久市（茨城県）でブックスタート開始1年目に参加者を対象に実施したアンケートでは，赤ちゃんに絵本を読んであげようと思うきっかけになったという声が多く寄せられた。また，ブックスタート活動開始後，ブックスタートで配布しているコットンバッグを持って図書館に来館する家族が増えているという。

（3）フォローアップ

　ブックスタートは，ブックスタート・パックを渡したら終わりではなく，ブックスタートの前後に，子どもの成長に合わせて多くの絵本に出会うことができたり，地域に見守られて安心して子育てができる環境づくりを進めたりするフォローアップ活動を充実させていくことが必要である。

　英国では，ブックスタートの後，親子で参加できるさまざまなイベント（おはなし会，歌や韻やリズムを楽しむ会など）が企画されている。また，英国では，3歳児から4歳児のための絵本の入った「ブックスタートトレジャーパック」（Bookstart treasure pack）が準備されていたり，小学校に通い始めた子どもに本を贈る「ブックタイム」（Booktime），主に7歳を対象として，学校が児童一人当たり2.5ポンドをBooktrustに支払うと児童個人用の本や学校図書館用の本のセット，Web上の情報源が利用できるようになる「ブックバズ」

8：秋田喜代美．"第2部　パイロットスタディー4ヶ月児調査報告─"．第1回ブックスタート全国大会報告書．NPOブックスタート支援センター編，2002，p.24-29．

(Bookbuzz) などの活動もある[9]。

　日本では，恵庭市（北海道）が「ブックスタートプラス」（1歳6か月になるときに再び成長にあった絵本を手渡す活動）を行っている。また，茅野市（長野県）には「セカンドブック」（家庭に読書活動を定着させることを目的として小学校入学時に本を渡す活動）がある。

　日本の図書館でフォローアップとして多く行われている取り組みは，おはなし会（読み聞かせなど）の実施，赤ちゃんのための絵本コーナーの設置，赤ちゃんを対象とした資料・育児関連資料の充実である。この他に，ブックスタート後に，ブックスタート参加者にどのように絵本選びについての情報を提供する方法の一つとして，ブックリストの作成がある。たとえば，徳島県では，ブックスタート・サポート事業として，乳幼児と保護者を対象としたブックリスト「とくしまの赤ちゃんのためのブックリスト100ジャスト！」を選定・作成している（6-3図）。これらの取り組みは，2節の「乳幼児サービス」に重なるため，詳しくは2節で説明する。

　このように，ブックスタートのフォローアップ活動にはさまざまなものがあるが，現状では，十分にフォローアップ活動を実施していない地域もある。今後，フォローアップの実施体制を整えて，どのような内容のフォローアップ活動を行っていくかを検討していくことが重要な課題である。

2．図書館における乳幼児サービスと資料

　ブックスタートの普及に伴い，乳幼児が図書館を利用する機会が増えてきている。乳幼児の定義はさまざまであるが，「母子保健法」および「児童福祉法」によれば，乳児の定義は，一歳に満たない者とされる。また，同法によれば，幼児の定義は，満一歳から小学校就学までとされる。発達心理学の分野では，乳児期は0歳から1歳半，幼児期は1歳半から6歳頃までを指す。公共図書館

9：Booktrust. "Bookgifting". booktrust. http://www.booktrust.org.uk/bookgifting/, (accessed 2012-05-02).

2. 図書館における乳幼児サービスと資料 | 101

6-3図 「とくしまの赤ちゃんのためのブックリスト100ジャスト！」[10]（一部抜粋）

10： 徳島県生涯学習政策課社会教育担当. "とくしまの赤ちゃんのためのブックリスト100ジャスト！」について". 徳島県. http://www.pref.tokushima.jp/docs/2011042300124/, (参照2012-08-15).

の乳幼児サービスでは，主に就学前の子どもを対象としており，本節でもこの就学前の子どもに対するサービスと資料について扱うこととする。

(1) 乳幼児サービスの種類

a．乳幼児への図書館サービスガイドライン

　国際図書館連盟（International Federation of Library Associations and Institutions：以下 IFLA〔イフラ〕）第Ⅲ部会：公共・学校図書館部会の全分科会による共同プロジェクト（2006-2007）が作成し，児童・ヤングアダルト図書館部会がまとめた「乳幼児への図書館サービスガイドライン」は，世界各国の公共図書館が質の高い児童サービスを提供できるよう支援することを目的とし，乳幼児をかかえる家族へのサービスに責任を持つ新人からベテランまで，すべての図書館員の手引きとなるものである[11]。

　このガイドラインによれば，乳幼児サービスの対象者は，乳幼児，両親や家族，養育者，保育者，教育者，医療専門家，子どもや本やメディアに携わる大人である。また，乳幼児サービスの目標として，6-3表のような内容がある。乳幼児サービスの種類については，子どもたちの話す・聞く・読むなどの言語能力の習得や強化のために，図書館として適度な範囲での音楽，体を使って遊べる空間，創作劇用施設，家事や簡単な科学・社会体験の場，「作って遊ぼう」などのワークショップの開催，子どもたちの親と保育者たちを対象とした資料や研修の開催などが望まれている。

b．日本の図書館における乳幼児サービス

　日本では，「公共図書館児童サービス実態調査2003」において，乳幼児サービスの項目が新設され，6-4表のような内容が実施されていることが報告されている。

11：IFLAの「乳幼児への図書館サービスガイドライン」では，乳児は，生後12か月までの子ども，幼児は，生後12か月から3歳までの子どもとしている。（国際図書館連盟児童・ヤングアダルト図書館分科会編．IFLA乳幼児への図書館サービスガイドライン．日本図書館協会児童青少年委員会訳．日本図書館協会，2009，42p.）

2．図書館における乳幼児サービスと資料　|　103

6-3表　IFLA による乳幼児サービスの目標

- 保育者や幼い子どもたちにかかわる仕事をする大人と同様，乳幼児と親や家族のために，おもちゃ・本・マルチメディアや情報資源などが揃った環境を，すべての乳幼児が享受できる権利を整備する
- 読書や本への愛を育むために，本がたくさんある環境を創り出す
- マルチメディアを扱う能力やテクノロジーを使う力を早い時期から身につける機会を与える
- さまざまな文化に触れられる資料を提供する
- 乳幼児の言語発達を促す
- 言語能力およびバイリンガル能力を発達させる：特に言語的・民族的少数派に配慮する
- 子どもの言語・読解能力の発達に読書・読み聞かせが重要であることを両親等に知らせる：特に言語的・民族的少数派に配慮する
- 両親や保育者に対して，子どもの発達と読書期前の能力向上に期するために，読み聞かせ，本やその他の資料の使い方，育児について講習を行う
- 両親や保育者に対して，公共図書館で利用できる子どもの年齢相応の資料の選び方について講習を行う
- 「お話」を活用して，子どもとその両親と保育者がほかの家族や異なる文化に触れる機会をつくる
- 楽しく図書館に通う習慣をつけ，生涯にわたる読み書き能力を培う
- 乳幼児をかかえる家族や保育・教育に携わる人々を現在および将来にわたって支援，指導する
- 子どもたちとその世話をする人たちが集まり，ともに過ごし交流できる場所を提供する
- 子どもたちとその家族を温かく迎え入れる安全な場所を提供する

　乳幼児コーナーについては，絵本を文字の大きさ，色の鮮やかさ，リズムなどから判断し，乳幼児のコーナーに置く本が決められている。乳幼児コーナーにはブックスタートで紹介した本も置かれている。また，乳幼児コーナーの近くに育児書のコーナーを設置している図書館もある。乳幼児コーナーの設置のポイントの一つとして，おはなしの部屋の近くに設置し，親子でゆっくり絵本を楽しめることが挙げられる。乳幼児コーナーのほかにも，一般の来館者に赤ちゃんが来館することを伝えたり，図書館の入り口にベビーカーを設置したり，おむつ交換のためのベビーシートや授乳室・授乳スペースを設置したりするなど，赤ちゃんと保護者が図書館を訪れる際の環境づくりが進められている。

6-4表　乳幼児サービスの内容と実施館数・実施率

内容	実施館数（実施率）
コーナーの設置	854館（59.4％）
パンフレット・ブックリストの作成	850館（59.1％）
保健所等との連携	671館（46.7％）
その他（お話会，ブックスタート，本の紹介，わらべうたのつどい，乳幼児向け絵本の展示，講演会，読み聞かせ，広報誌へのPRなど）	424館（29.5％）

注：実施率は，乳幼児サービスを実施している1,438館（全体の55.9％）に対する割合である。（「公共図書館児童サービス実態調査2003」日本図書館協会より）

　パンフレット・ブックリストの作成については，多くの図書館で，絵本の表紙と紹介文，図書館の利用案内などを掲載した小冊子が作成されている。市販されている赤ちゃん絵本のブックリストには，『赤ちゃんに贈る絵本ガイドブック―0才から3才のために』（田中裕子著　グランまま社　1995），『あかちゃんの絵本箱　はじめて出会う絵本ガイド』（こどもと本―おかやま―「あかちゃんの絵本箱」編集委員会著　吉備人出版　2001）などがある。また，『絵本の庭へ』（児童図書館基本蔵書目録1　東京子ども図書館編　2012）には，2歳前後の子ども向けの絵本がマークとともに示されている。

　保健所等との連携については，ブックスタートの活動以外にも，保健センターに赤ちゃん絵本や育児書のコーナーを設置したり，保健センターにブックスタートボランティアや地域のボランティアが出向き，絵本の読み聞かせや，季節の行事，手遊び・歌遊びなどを行ったりすることを通じて，地域の子育てを支援する活動などが行われている。

　「その他」（6-4表）の中に，おはなし会があるが，乳幼児を対象としたおはなし会は，多くの図書館で年齢ごとに別の曜日や時間帯に開催されている。おはなし会の例として，牛久市立中央図書館のおはなし会のプログラム例を6-5表に示した。このプログラムに見られるように，おはなし会には，絵本の読み聞かせだけでなく，手あそびや紙芝居，エプロンシアター，わらべうたな

6-5表 おはなし会のプログラム例（牛久市立中央図書館）

内容
1．とんとんひげじいさん（手あそび）
2．ぞうくんのさんぽ（絵本）　なかのひろたか　福音館書店　1999
3．とっとことっとこ（絵本）　まついのりこ　童心社　2003
4．アイアイ（手あそび）
5．どうぞのいす（大型絵本）　香山美子作，柿本幸造絵　チャイルド本社　2005
6．スプーンであーん！（紙芝居）　冬野いちこ　教育画劇　2002
7．チントンシャン（手あそび）
8．いたいのいたいのとんでいけ（絵本）　山岡ひかる　絵本館　2006
9．こちょこちょこちょ（絵本）　うちだりんたろう　ながのひでひこ　童心社　1996
10．おむすびころりん（エプロンシアター）
11．げんこつやまのたぬきさん（わらべうた）

どが含まれている（おはなし会の様子は6-4図，詳細は3章参照）。

　この「わらべうた」は，今，乳幼児サービスの中で注目されている。わらべうたとは，子どもの生活や遊びの中で生まれ，伝承されてきたものである。国際子ども図書館では，毎月2回「ちいさな子どものためのわらべうたと絵本の会」を開催している[12]。先述のIFLA（イフラ）の「乳幼児への図書館サービスガイドライン」の優れた事例に，日本の浦安市立図書館と大阪府立中央図書館が紹介されており，浦安市立図書館では，6か月から3歳児と親を対象とした「赤ちゃんと楽しむわらべうたの会」を毎週開催している[13]。大阪府立中央図書館では，0歳から3歳くらいまでの子どもと親を対象として，絵本，手遊び，わらべうた，リズム遊びなどを楽しむ「親と子のひろば　たんぽぽ」を0歳児からと2歳児以提供上に分けて毎月各2回開催している[14]。また，大阪府立中央図書館は，

12：国立国会図書館国際子ども図書館．"ちいさな子どものためのわらべうたと絵本の会"．国立国会図書館国際子ども図書館．http://www.kodomo.go.jp/use/room/childroom/song.html，（参照2011-12-13）．

13：浦安市立中央図書館．"浦安市立中央図書館：子どもへのサービス"．浦安市立中央図書館．http://library.city.urayasu.chiba.jp/service/kids/index.html，（参照2011-12-13）．

14：大阪府立中央図書館こども資料室．"親と子のひろば　"たんぽぽ""．大阪府立中央図書館こどものページ．http://www.library.pref.osaka.jp/kodomo/tanpopo.html，（参照2012-05-02）．

「日本のわらべうた」や「親子でわらべうた遊び」の資料も紹介している[15]。

（2）乳幼児向けの資料

a．乳幼児と絵本

赤ちゃんは，月齢によって絵本の楽しみ方に違いがある。3か月までは，絵本を開くと，絵を見つめたり，リズムのある言葉に耳を傾けたり，読み手の口元や目をじっと見つめたりしている。4か月から6か月になると，絵本を読むと，ニコニコしながら声を出して笑うようになる。7か月から9か月になると，絵本をつかんでなめたり，落としてみたり，ページをめくったりする。10か月から12か月になると，絵本を見て指差しをするようになる。また，赤ちゃんは次第に一緒にいる大人も自分と同じものを見ていることに気づき，指差しをしたものを見ながら大人の反応を見るようになる。このようにして，赤ちゃんは，自己─対象の二項関係から，対象物を介して他者と視線や意識を共有する三項関係を築く[16]。大人は，赤ちゃんの月齢に応じて，赤ちゃんの反応を見ながら語りかけをすることが重要である。

就学前までの間に，読み聞かせなどを通じておはなしのイメージを膨らませ，耳からの読書を楽しむことがその後の読書の楽しみにつながる（1章参照）。したがって，周囲の大人たちが乳幼児にどのような絵本を選ぶかということは，子どもたちの読書において重要な意味を持っている。一人ひとりの子どもたちにとって適切な絵本（適書）を選ぶためには，乳幼児の発達に応じた絵本の特徴を知っておく必要がある。以下では，赤ちゃん絵本と幼児向け絵本に分けて，

6-4図　おはなし会の様子
（牛久市立中央図書館提供）

15：大阪府立図書館．"資料展示「マザーグースとわらべうた」資料リスト"．大阪府立図書館．http://www.library.pref.osaka.jp/central/08mothergooselist.html#waraasobi,（参照2011-12-13）．
16：榊原洋一．"赤ちゃんの絵本の楽しみ方"．ブックスタート・ハンドブック．ブックスタート．第5版，2008，p.35．

それぞれの特徴を紹介する。

b．赤ちゃん絵本

　赤ちゃん絵本とは，わらべうたや生活の基本動作を描いた，1歳くらいまでの赤ちゃんを対象とした絵本のことである。

　赤ちゃんが生まれて初めて触れる絵本を「ファーストブック」と呼ぶ。ファーストブックの条件としては，五感を刺激し，同一（母子一体）性を感じさせる[17]，などが挙げられる。茅野市は，出生届提出時と4か月健診時に2回の絵本プレゼントを行っている。このファーストブックプレゼントリストの絵本30冊（「読書の森　読りーむ in ちの」が作成）を6-6表に示した。

　図書館での赤ちゃん絵本の選書では，「ブックスタート赤ちゃん絵本リスト」[18]を参考にする場合もある。ブックスタートの絵本候補の選考基準は，「赤ちゃんが保護者と豊かな言葉を交わしながら楽しい時間を過ごすことで，心健やかに成長することを応援する絵本」「上記に関し，年月を経て赤ちゃんから支持され続けてきた絵本」「上記に関し，今後，赤ちゃんからその支持を受ける可能性が高い絵本」となっている。2012・2013年の絵本リストにある『いないいないばあ』（松谷みよ子文　瀬川康男絵　童心社　1967），『おつきさまこんばんは』（林明子作　福音館書店　1986），『くだもの』（平山和子作　福音館書店　1981）は，長く読み継がれてきた本である。

　赤ちゃん絵本の選書基準を絵本と別に設定している図書館は少ないが，大阪府立泉南郡熊取町立図書館では，6-7表のように，赤ちゃん絵本の選書基準を明文化している。また，枚方市立図書館も赤ちゃん絵本の選書基準を明文化して Web 上に公開しており，内容，絵，ことば，造本についての基準がある[19]。

17：工藤左千夫．すてきな絵本にであえたら．成文社，2004，190p，（絵本児童文学基礎講座，1）．
18：NPO ブックスタート．"ブックスタート赤ちゃん絵本リスト"．Bookstart.http://www.bookstart.net/wg/booklist.html，（参照2012-05-02）．
19："枚方市立図書館資料選書基準"．http://www.city.hirakata.osaka.jp/uploaded/life/37647_56846_misc.pdf，（参照2012-10-08）．

6-6表 ファーストブック・リスト30冊[20]（茅野市）

	書名	著者標記（作者・再話者・訳者・画家）	出版社	出版年
1	ととけっこう　よが　あけた	こばやしえみこ 案　まつしませつこ 絵	こぐま社	2005
2	こぐまちゃんおはよう	わかやまけん	こぐま社	1970
3	いない　いない　ばあ	松谷みよ子 文　瀬川康男 画	童心社	1981
4	じゃあじゃあ　びりびり	まついのりこ 作	偕成社	2001
5	きんぎょが　にげた	五味太朗 作	福音館書店	1982
6	でてこい　でてこい	林明子 作	福音館書店	1998
7	いぬが　いっぱい	グレース・スカール 作　やぶきみちこ 訳	福音館書店	1994
8	ねこが　いっぱい	グレース・スカール 作　やぶきみちこ 訳	福音館書店	1986
9	じどうしゃ	寺島龍一 画	福音館書店	1966
10	じどうしゃ	わかやまけん	こぐま社	1994
11	ずかん・じどうしゃ	山本忠敬 作	福音館書店	1981
12	だれかしら	多田ヒロシ 作	文化出版局	1972
13	たまごのあかちゃん	神沢利子 文　柳生弦一郎 絵	福音館書店	1993
14	こんにちは	渡辺茂男 文　大友康夫 絵	福音館書店	1980
15	おとうさんあそぼう	渡辺茂男 文　大友康夫 絵	福音館書店	1986
16	どうぶつのおやこ	薮内正幸 画	福音館書店	1966
17	こぐまちゃんとどうぶつえん	わかやまけん	こぐま社	1998
18	どうぶつのおかあさん	小森厚 文　薮内正幸 絵	福音館書店	1981
19	くだもの	平山和子 作	福音館書店	1981
20	きゅっ　きゅっ　きゅっ	林明子 作	福音館書店	1986
21	いい　おかお	松谷みよ子 文　瀬川康夫 画	童心社	1967
22	がたんごとん　がたんごとん	安西水丸 作	福音館書店	1987
23	じのない　えほん	ディック・ブルーナ文・絵　石井桃子 訳	福音館書店	1968
24	ころころころ	元永定正 作	福音館書店	1984
25	だっこして	にしまきかやこ 作	こぐま社	1995
26	みんなでね	まついのりこ 作	偕成社	2001
27	ちいさなうさこちゃん	ディック・ブルーナ文・絵　石井桃子 訳	福音館書店	2010
28	ばいばい	まついのりこ 作	偕成社	2001
29	おつきさま　こんばんは	林明子 作	福音館書店	1986
30	おやすみ	中川季枝子 作　山脇百合子 絵	グランまま社	1996

20：どんぐりネットワーク茅野．"読み聞かせの大切さは感じるのですが，どんな本が良いでしょうか？．どんぐり通信．2011-08-16．http://donguri-chino.jpn.org/notebook/advice/q03-child/q03-23,（参照2012-08-15）．

6-7表　熊取町立図書館の赤ちゃん絵本の選書基準[21]

(赤ちゃん絵本)
　赤ちゃんにとって本とは，楽しい世界を共有しながら親子のコミュニケーションを深めるものであり，収集にあたっては以下の点に留意する
1．絵の色と形が鮮明で，あたたかさを感じさせること
2．言葉が簡潔でリズミカルであり，心地よく響くこと
3．取り上げる素材は身近なもので，生活体験に根ざしていること
4．大人との心地よい会話や楽しい遊びへと誘うものであること
5．赤ちゃんが手に取れるよう，小型版で壊れにくいこと

c．幼児向けの絵本

　山梨子ども図書館では，1歳児に適した絵本として，1歳児から2歳児になる過程で認識できるものが増えていくのに合わせて段階的に選書を行っている。第1段階は「メロディーの認識」であり，歌やリズムを扱った『うたえほん』(つちだよしはる絵　グランまま社　1988)や『ころころころ』(元永定正作　福音館書店　1984)などがある。第2段階は「線刻画と原色の認識」であり，輪郭のはっきりした原色使いの挿絵が描かれている『こぐまちゃんいたいいたい』(わかやまけん・もりひさし・わだよしおみ作　こぐま社　1984)などがある。第3段階は「変化や順序に対する初期的認識」であり，色彩や形の変化が楽しめる『もこもこもこ』(たにかわしゅんたろう作　もとながさだまさ絵　文研出版　1977)などがある。第4段階は「特徴的なものの個別認識の開始」であり，初期の探し物絵本である『きんぎょがにげた』(五味太郎作　福音館書店　1982)などがある[22]。

　幼児期の発達課題には，基本的生活習慣の自立(食事・用便・睡眠・着衣・清潔など)や善悪の区別などがある。子どもたちは，自分たちの発達課題に関連する読書材に興味関心をもつと考えられており(1章参照)，幼児向け絵本

21：" 熊取町立図書館熊取図書館資料収集方針 ". http://www.town.kumatori.lg.jp/ik-krwebBrowse/material/files/group/3/shushuhoushin.pdf，(参照2012-07-10).
22：白須康子. " 0～3歳児を対象とした絵本の選書：心理学的発達対応と形態学的発達対応～". 人文研究：神奈川大学人文学会誌, 159, 59-86, 2006.

には，基本的生活習慣が描かれた絵本や，昔話絵本のように善悪の区別が明確な絵本が多く見られる。基本的生活習慣が描かれた絵本の例としては，『どうすればいいのかな？』(わたなべしげお文　おおともやすお絵　福音館書店　1980)，『かみなりコゴロウ』(本間正樹文　とよたかずひこ絵　佼成出版社　2004)などがある。昔話絵本の例としては，『おおきなかぶ』(ロシア民話　A・トルストイ再話　内田莉莎子訳　佐藤忠良画　福音館書店　1966)，『三びきのやぎのがらがらどん』(北欧民話　マーシャ・ブラウン絵　せたていじ訳　福音館書店　1965)，『てぶくろ』(ウクライナ民話　エウゲーニー・M・ラチョフ絵　うちだりさこ訳　福音館書店　1965)，『かさじぞう』(瀬田貞二再話　赤羽末吉画　福音館書店　1966)などがある(より詳細な絵本の説明については5章参照)。

7章　ヤングアダルトサービス

1．ヤングアダルトサービスとは何か

（1）意義と現状

a．ヤングアダルトとは

　ヤングアダルトとは，10代の青少年，とくに中学生・高校生を指して呼ぶことが多い。心理学では，児童期と成人期の中間に位置する青年期を指す。青年期は，子ども時代は過ぎたけれど大人にはなっていない過渡的な時期で，身体的には第2次性徴が現れ，男女の性役割意識や，男らしさや女らしさが自覚されるようになる。精神的には，青年前期（中学生段階）から自己意識が強められ，自己の性格や能力に対する洞察が深められ，そこから優越感や劣等感，虚栄心，孤独感，焦燥感など青年的自我感情が派生してくる。

b．現代のヤングアダルトの特徴

　1991年に米国で商用インターネットサービスが始まり，1997年にDVD-RやCD-RW，テレビ電話機が登場し，2001年にはカメラつき携帯電話が発売された。現代のヤングアダルトの親たちはテレビゲームで育った世代であるが，ヤングアダルトたち自身は，生まれたときからインターネットや携帯電話が存在する環境で育ってきたのである。

　中学・高校生になると一般に興味・関心が多様化し行動範囲が広がり，受験勉強や部活などで忙しくなり，従来からこの年代の読書離れが指摘されてきた。現代のITの発達やメディアの多様化は，青少年の感性にあった流動感のあるビジュアルなメディア環境を作り上げている。平成22年実施の調査結果では，

「情報発信」を目的としたPCからのインターネット利用は，10代男女が最も積極的で4割を超え，「動画共有サービス」の利用率では10代男女で約8割と示されているほど，ソーシャルメディアが若年層を中心に普及している[1]。

c．図書館のヤングアダルトサービス

図書館におけるヤングアダルトサービス（以下YAサービス）は，主に中学生・高校生を対象の中心としているが，小学校高学年から大学生までを対象として視野に入れている館が多い。アメリカ図書館協会ヤングアダルト図書館サービス協会（YALSA）では，YAを12〜18歳と定義している。

わが国では，1974年に大阪市立中央図書館が青少年向けに「あっぷるコーナー」を開設したのを始めとして，「青少年コーナー」や「ティーンズコーナー」「ジュニアコーナー」などの名称でYA向けコーナーが作られてきた。「ヤングアダルト」という語は1970年代以降に用いられ始め，2002年には全国の約40.8％の公共図書館でYAサービスが実施されている[2]。1979年にヤングアダルト出版会が創設され，「YA」という出版ジャンルが確立されたことを背景に，図書館YAサービスの普及が促された面もある。

一般的に，幼児期や児童期は，読み聞かせなども含めて，耳からも目からも，受動的にも積極的にも本に触れる機会が身近にある。小さな子どもたちは図書館にもよくやってくる。しかし，中学生・高校生になって興味関心が多様となり，学校生活が忙しくなり，受験の準備に追われるようになると，図書館から足が遠のく生徒たちが増える。そんな生徒たちに，興味関心に合わせた読書材を提供し，必要に応じた調査資料を提供することによって，読書する意義や図書館の存在を再認識してもらいたい。読書することで生きる力を育んでほしい。図書館という場を，同世代とのコミュニケーションの場としてほしい，大人社会への準備の場として利用してほしい。そのためのYAサービスなので

1：NTTレゾナント株式会社．"メディア利用状況に関する調査結果（2010年6月調査版）"．gooリサーチ．2010-07-16．http://research.goo.ne.jp/database/data/001210/，（参照2011-12-13）．
2：日本図書館協会．公立図書館におけるヤングアダルトサービス実態調査報告（2003）．2003．

ある。

　また，読む力は意識的・無意識的な訓練によって身につけていくものであるが，自分で読む力が備わっていない子どもたちには，小学校高学年頃から本の世界のおもしろさに気づけなくなり，読書から離れていく者たちもいる。こうした子どもたちに，改めて，読書のおもしろさを伝えるのもYAサービスである。本の世界への多様なメディアの窓口を提供し，彼らのレベルに合わせた読書材を提供することによって，一度本の世界から離れた子どもたちに，再び本の世界の魅力に気づいてもらいたい。これまで読書や図書館とは無縁であった児童生徒たちにも本の世界への入り口を提供したい。YAサービスはこうしたことをも目指している。

　児童や成人とは異なる成長過程にあるYAに対応するには，YAの考え方や読書の嗜好，メディアとの関わりや情報ニーズを知っていなければならない。また，YAの気持ちを察知し，共感できなければならない。あるときにはYAに寄り添い，あるときには人生の先輩として助言できる専門の担当者が必要である。しかし実際には，兼任で担当しているところが多く，YAサービスそのものを実施していない館があるのも事実である。

　また，YAコーナーを作るだけではなく，YAが居心地よく感じられる空間を用意することが大切である。例えば，グループで行動することの多いYA向けにグループ学習できる部屋をガラス壁で囲んだり，ちょっと引っ込んだ所に（しかし図書館員が把握できるところに）カウンターテーブルを置いて大人っぽい雰囲気を演出したりすることが挙げられる

7-1図　倉吉市立図書館YAコーナー読書席（倉吉市立図書館提供）[3]

3：倉吉市立図書館. 倉吉市立図書館におけるヤングアダルトサービス（鳥取県倉吉市立図書館）. 文部科学省. http://www.mext.go.jp/a_menu/shougai/tosho/houkoku/06040715/011.htm,（参照2012-05-01）.

（7-1図）。

　YAのためのスペースづくりのためのガイドライン *National Teen Space Guidelines* を，YALSAが2012年5月に新たに発表している[4]。「物理的スペースのためのガイドライン」と「バーチャルスペースのためのガイドライン」の二つに分かれ，前者には，「ティーンズのためのスペースの立案や設置には彼らの意見を取り入れよ」「ティーンズの情緒的・社会的・知的発達を促す図書館環境を提供せよ」など6項目が挙げられ，それぞれに細目が列挙されている。「バーチャルスペースのためのガイドライン」には，「21世紀の学習基準を反映したバーチャルスペースを保証せよ」「ティーンズ特有のニーズに合致するデジタル情報源を提供せよ」など3項目が挙げられている。

　YAに対応する担当者が心がけるべきこととして，1999年に *School Library Journal*（45巻1号，1999）に，以下のような「ヤングアダルトサービス10箇条」が掲載されている[5]。YAを理解し尊重することが，まず大切なのである。

①関心を持たせる……興味をひくような資料を用意し，質問しやすい雰囲気を作る
②宣伝をする……ヤングアダルトが利用するメディア・場所にイベントの情報を流す。
③直接話す……親と一緒にやってきても，親ではなく本人に直接話す。
④助言を求める……定期的にヤングアダルトによる協議会を開催し，ニーズや興味を知る。
⑤尊重する……知的にも，感情的にも成熟した大人として対応する。
⑥一貫した対応をする……図書館の決まりは例外なく守らせる。
⑦接触を持つ……ヤングアダルトの生活に何が起こっているか，注意を払う。
⑧準備をする……学校でよく出される宿題については準備をしておく。

4：*National Teen Space Guidelines*, YALSA. http://www.ala.org/yalsa/sites/ala.org.yalsa/files/content/guidelines/guidelines/teenspaces.pdf，（参照2012-09-10）．
5：国立国会図書館．"ヤングアダルトサービス10箇条"．Current Awareness Portal. 1999-03-20，no.235．http://current.ndl.go.jp/node/1000，（参照2011-12-13）．

⑨場所を用意する……専用のフロアをもうけることは出来なくても，掲示板・壁等のスペースを用意する。
⑩早くクールに……問題が起こったときには素早く落ち着いて対処する。

（2）米国の YA サービス

　戦後の日本の図書館は，米国の図書館活動から学ぶことが多かった。YA サービスについても同様であり，ここでは米国の YA サービスについて押さえておきたい。

　米国では，YA サービスは，1920年代に始まった。

　ニューヨーク市立図書館で，教師や保護者向けに10代のためのブックリストを作成したのが始まりだという。井上靖代によれば[6]，1930年代の大恐慌や1940年代の第一次世界大戦後の時期に，貧困層が増大し，「1960年代には第一次ベビーブーム世代の子どもたちが10代後半に達し，学校を退学する生徒が増え，未成年者の犯罪の増加，10代の出産・中絶，自殺の増加などの社会問題が表面化してきた」。1964年の図書館建築法改定により，新プロジェクトに関する資金源が確保されるようになり，「それまで図書館員主導でプログラムをおこなっていたのが，ヤング・アダルト自身に参加してもらって，そのなかで彼ら彼女らの趣味・関心事などをさぐりつつプログラムを行っていこうとする」ものへと変化してきたという。これらの新しいプログラムには，「聴衆参加型のブックトークや，読書会の結果として雑誌など印刷物を発行し地域の学校などに配布する，詩や小説などの創作のための講座，ジャズ講座，自動車に関する講座，ロック・ライブ，芝居上演など」が含まれていた。

　さらに井上は，米国における YA サービスの動向を，2007年に次の5点にまとめている[7]。

　①本の YA 文化，特に「まんが」がアメリカの YA 図書館サービスに影響

6：井上靖代. アメリカにおけるヤング・アダルト・サービスの変遷. 研究論叢. 1993, No.41, p.402.
7：井上靖代. アメリカの図書館は，いま．(16)．みんなの図書館. 2007, No.364, p.42-43.

を与えている。
② SNS や iPod が YA 図書館サービスに利用されている。
③ YA 向け情報提供活動：職業情報提供。
④ 少年院での「読む」「書く」プログラムの実施。
⑤ 学校図書館と公共図書館のコラボレーション：夏休みの課題読書対策。

2．ヤングアダルト向け資料

(1) YA 向け文学とは何か

a．YA 文学の発生

　YA 文学は，児童文学の「タブーの崩壊」以後の流れのなかで出てきたものだと石井直人はいう[8]。1960年代に，児童文学は童話伝統批判を受け，神宮輝夫や松谷みよ子，寺村輝夫らが中心となって，童話ではなく文学を子どもたちのために書いていこうとした動きがあった。

　その児童文学のリアリズムの作品について，「タブーの崩壊」という言葉が1970年代なかばあたりから使われた。とくに，『日本児童文学』の1978年5月号が特集『タブーの崩壊：性・自殺・家出・離婚』を組んだことによってこの語は広がっていく。

　これは，「日本だけの現象ではなく，イギリスなどの作品も視野に入れると，児童文学が小説に近づいていく動きの中で，どこまでリアリズムで描けるかという探求が深まっていったに過ぎません。」[9]と石井は述べ，「タブーの崩壊」の背景として，次の四つを挙げている[10]。

　それは，①現実の反映，②児童文学観の変化，③子ども観の変化……「子ど

8：石井直人.『タブーの崩壊』とヤングアダルト文学. 日本児童文学の流れ：平成17年度国際子ども図書館児童文学連続講座講義録. 2006, p.70-71.
9：前掲注7, p.73.
10：前掲注7のp.74参照.

2．ヤングアダルト向け資料 | *117*

もを同時代人として社会のメンバー，同じ一員だとみなす」，④アイデンティティという主題……「1970年代半ばのこの時期に，子どもたちがどのようにしたら大人になっていけるのか，どのようにして大人になればよいのかという問いが出てきた。これに答えようとすることが，性の問題を正面から考えたり，親の問題を考えたりというテーマを導き出したのではないかということです。"私はどうやって大人になっていけばいいのか"というのは，かつて近代文学が主題にしたものですね。夏目漱石の『三四郎』『それから』『門』や太宰治の『人間失格』もそうです。どうやって生きて行けばいいのか。その迷いを書いたものです。それが児童文学にも問われるようになった。」として，石井は，この④が現在のヤングアダルト文学につながっていることを指摘している。

　米国のYAの初期の作品であるスーザン・エロイーズ・ヒントン（Susan Eloise Hinton, 1968）の『非行少年』が集英社文庫から1983年に出版された。そのカバーの袖に「《Y・A》Young Adult Literature の略。若者が直面するさまざまな問題をテーマに描かれたヴィヴィドな現代アメリカ青春文学の総称」と説明されていたという[11]。これが，当時のYAの定義であったのである。ヒントンは1967年に『アウトサイダーズ』という作品でデビューした作家であり，『アウトサイダーズ』では，上流・下流，富裕・貧困，メキシコ系・白人系という社会構造，仲間が死ぬという悲劇などが描かれている。1960年代や1970年代の米国の初期のヤングアダルト文学の先駆的な諸作品は，主人公が抱えている現実の困難・問題をテーマとしており，「問題小説」「現実小説」と呼ばれた。

b．YA 文学の特性

　YA文学は，「前提にある"若者が直面するさまざまな問題——その「さまざまな問題」は時間がかわることによって変化し，『レモネードを作ろう』では「性」の問題が前面に出てきています。——をテーマに描かれている青春文

11：石井直人．ヤングアダルト文学．いつ，何と出会うか：赤ちゃんからヤングアダルトまで：平成21年度国際子ども図書館連続講座講義録．国際子ども図書館，2010，p57．

学の一種であるということが基本形だと思います。」[12]と、石井は述べ、現代のYA文学が担っているのは、「感情管理」と「幸福の約束」だと指摘する。この二つの概念について、石井は次のように説明している。

> うんと広い意味でいうと、人間にもともと自然な感情というものがあるわけではなくて、さまざまな場面でこういうふうに感情を持つものだと教わることによって人は人になって行く。そう考えるとして、今この社会では、感情規制をめぐって、その感情を自分でコントロールできるかという事柄がかなり過大に話題になっているといえるのではないか。そして、思春期の一番「感情管理」の難しい時期の読者に、ある種の文学は「感情管理」の方法を提供しているのではないか。(中略)
> 多くのヤングアダルト文学を見て行くと、自分や世界を肯定して、これでいいのだ、というメッセージが強いと感じます。「幸福の約束」とハッピーエンドとは違うと思うのです。ハッピーエンドは、結末がとにかくめでたしめでたしですけれども、「幸福の約束」は、結末が過酷な現実だったとしても、そのように生きていることを肯定してくれるものです[13]。

このように若者が直面するさまざまな問題や課題を提示する一方、「問題自体をはずしてしまう問い方がもう一つの傾向として」あると石井は述べ、理論社の「ミステリーYA!」や講談社の「YA! entertainment」というシリーズや『少年少女飛行倶楽部』(加納朋子　文藝春秋　2009)を挙げ、「楽しいYA」というようなエンターテインメント作品が増えていることを指摘している[14]。

(2) YA向け資料の収集

a. 図書館のYA向け資料とは

大阪府立中央図書館Webサイト「ヤングアダルトのページ」の「本を探す」には、次のようにジャンル別になっている[15]。

12：前掲注11, p.62参照。
13：前掲注7, p.81参照。
14：前掲注11, p.56参照。
15：大阪府立中央図書館．"Web版ヤングアダルト YA！YA！YA！". http://www.library.pref.osaka.jp/cgi-bin/benriyan/display_yayaya.cgi, (参照2012-07-10).

①エッセイ・作品集・詩，②外国の小説，③日本の小説，④知識，⑤趣味・スポーツ，⑥進路・仕事，⑦学校生活・生き方，⑧絵本，⑨CD，⑩ビデオ・DVD。

広島県立図書館 Web サイトの「もっと活用!! ヤングアダルトサービス」の「どんなものがあるの？」には，次のように説明されている[16]。

①ライトノベルなどさまざまなジャンルの小説
②スポーツ・料理・手芸などの実用書
③人間関係や恋愛，体など悩みに関する本
④進路や生き方を紹介した本
⑤広島県出身アーティストのCD
⑥笑って泣けるマンガ
……などなど。

両館とも，YA向けとして，すべての領域の資料を収集するのではなく，YAの興味・関心のある内容に絞り，多様なメディアを提供している。

YA向け出版のものには，文庫本や新書本が多い。持ち運びに便利ですぐに取り出せて読める。文庫本には，ライトノベルやYA向け小説，話題になった本や古典や児童文学の文庫化，写真集，詩集などがある。具体的には，メディアワークス電撃文庫，角川スニーカー文庫，集英社コバルト文庫，講談社X文庫，角川ソファア文庫などがある。新書本には，講談社ブルーバックス，集英社新書，岩波ジュニア新書などがある。

ライトノベルは，軽く読める小説という和製英語であり，以前はYA文庫とかティーンズ文庫などと呼ばれていた。アニメ調のイラストが表紙や挿絵に多用されており，会話が多い。恋愛やSF，ファンタジー，ミステリー，ホラーなどのジャンルがある。ゲームや映画，アニメ，マンガなどを原作として作品化したり，逆にライトノベルがもとになって，テレビドラマ化や映画化されたり，アニメ化，マンガ化されたり，フィギュアなど商品化されたりする。このようにメディアミックス化されているのが，YA向け資料の特徴のひとつで

16：広島県立図書館．"もっと活用!! ヤングアダルトサービス"．http://www.hplibra.pref.hiroshima.jp/ct/other000001500/ya-leaflet.pdf，(参照2012-07-10)．

ある。

b．YA向け資料の収集

　YAが興味・関心をもつ資料を収集することが，まず第一である。YA自身が手にとってみたくなるような本を，絵本や児童書，一般書からも選定して提供することや，YAが現在，関心をもっている領域やメディアを窓口として，読書のおもしろさを伝えることが重要である。そこから，若者は，自分の直面するさまざまな問題に関して何らかの示唆を見出したり，底抜けに楽しい読書体験を味わったりすることが期待される。

　YA向け資料として，図書や雑誌，マンガ，DVD，CDなどの多用なメディアのものを，趣味や実用に役立つもの，将来や進路について考えるきっかけとなるもの，スポーツや映画，音楽，ファッションの領域のものなどを収集する。地域の中学や高校の文芸部の創作集，地域の博物館や美術館，映画館のチラシなども収集するとよい。

　しかし，たとえば，これほどの暴力的表現や性的表現のものをYAに提供してよいのかといった批判も生ずる。YA担当の図書館員は，皮相的な批判に対する説明ができるような知識と信念をもち，確かな資料を選択できる力を身につけなければならない。

　YA向け資料の選択には，『金原瑞人〈監修〉による12歳からの読書案内とれたて！ベストセレクション』（金原瑞人著　すばる舎　2009）や『ヤングアダルトの本1：中高生の悩みに答える5000冊』『ヤングアダルトの本2：社会との関わりを考える5000冊』『ヤングアダルトの本3：読んでみたい物語5000冊』（日外アソシエーツ　2008）などのリストが役に立つ。また，収集方針を定めて明文化している図書館もある（巻末資料参照）。

（3）YA向け資料の配架・展示

　YAコーナーには，ライトノベルだけでなくYA向け小説や実用書なども一緒に並べて，幅広いジャンルのものや，一段高いレベルのものにも手を伸ばしやすいようにしておきたい。つい手に取ってみたくなるようなポップ（pop）

をつけることもよく行われている。ポップは「Point of Purchase advertising」の略で，書店から普及したものである。「今，最も売れています」などのキャッチコピーや本のタイトルを書いて本の近くに置いてある宣伝用の紙である。こうしたおすすめ本の紹介ポップは，図書館員が書いたり，中高生ボランティアや職場体験学習の生徒に書いてもらったりすることもある。本の近くに，おすすめ本ポスターを貼ることもある。

　展示は，話題の本や映画，テレビドラマを題材にしたり，オリンピックやサッカーワールドカップなどの開催に連動したり，恋愛や進路，悩みなどYAの関心の身近なテーマを選んだりする。図書ばかりでなく，マンガ，DVD，CDなどのメディアミックスによる展示を心がけ，テーマを多面的にとらえて，多くのYAにアピールするようにし，発展的な読書につながるように工夫する。展示には，資料リストを添える。テーマにそったミニアンケートやメッセージの募集をしているところもある。

3．ヤングアダルトサービスの展開

（1）YAへの情報提供

a．おすすめの本の情報

　「荒川区立図書館YAのページ」の「太鼓ボン」には，次のようなテーマで本が紹介されている。「君のリアルを生きるための31冊」「アイの意味を知るための20冊」「アート魂がめざめる12冊」「世界のイマを見つけるための20冊」「理系を楽しむコツがわかる11冊」「プラスαで役立つ5冊」「Book guide GUIDE」。この「太鼓ボン」は，「図書館員の太鼓判」をもじったものだというが，ぜひ，このようなYAの感性に響くようなネーミングや本のくくり方を工夫したいものである。この荒川区のブックリストについて，『ず・ぼん』（ポット出版）に次のように紹介されている[17]。

B6サイズ横長の『太鼓ボン』は，図書館にありがちな図書紹介の羅列，それも物語にばかりに傾いているのを脱却したものをつくろう！という意気込みでつくられた。「ドキドキしたいっ！」「よのなか，いったいどうしてそうなるの」「いじめ，どこにでも，誰にでもあること」などの見出しで，さまざまな分野の本が紹介されている。つくり手が読者に何を伝えたいのかが明確なブックリストだ。ちなみにこの冊子名は正式には『図書館員の太鼓ボン』，え〜，説明の必要はないと思いますが，太鼓判のシャレ，です。

　ブタをあしらった表紙は，見た目ミニコミのようだが，あくまで公共図書館が発行する公的なもの。かなりの時間を費やして話し合い，つくりあげていったという。「セックス，自分のからだを知ろう」といった項目もある。今ではとりたてるほどのことではないと思われるが，何と言っても「公的なもの」，本の紹介の仕方によっては，あらぬ方から矢が飛んでこないとも限らない。カカリチョー中村によれば，若さだけで突っ走れない年代および役職の人たちもじっくり吟味したという。

　最後のページにはこのブックリストの感想を聞くアンケートが付いており，「次回作成時の資料として」はふつうだが，「またわたしたちの元気のモトとして使わせていただきます」などとちゃっかり書かれてある。

　こうして出来上がった『太鼓ボン』は区内の公立中学校と朝鮮学校に配られた。

　YA自身がYA向けにおすすめ本を紹介することもよく行われている。おすすめ本の紹介は，リーフレットや広報紙，HP，あるいは地元紙への掲載という形をとることもある。7-2図および7-3図は，磯子図書館のティーンズコーナーの掲示板である。「みんなのオススメ本」の用紙に記入してティーンズコーナーに備えつけの「オススメ本BOX」に投稿するというものである。

b．YA向け広報誌等

　YA向け広報紙や図書館ニュースには，中高生ボランティアが作成したものも見られる。YAが編集しイラストを書く。読者投稿用の箱を図書館に設置して，イラストや本の紹介文を募集したりもする。大人には発想できないようなYAのメッセージ性の強い広報紙は，YAに歓迎される。

　広報紙の内容は，新着図書やおすすめ本の紹介，展示や行事・イベントの紹

17：ポット出版．"ず・ぼん9●荒川区立図書館のYAサービス荒川区二〇代非常勤職員たちの試み"．ポット出版．http://www.pot.co.jp/zu-bon/zu-09/zu-09_078，（参照2011-12-13）．

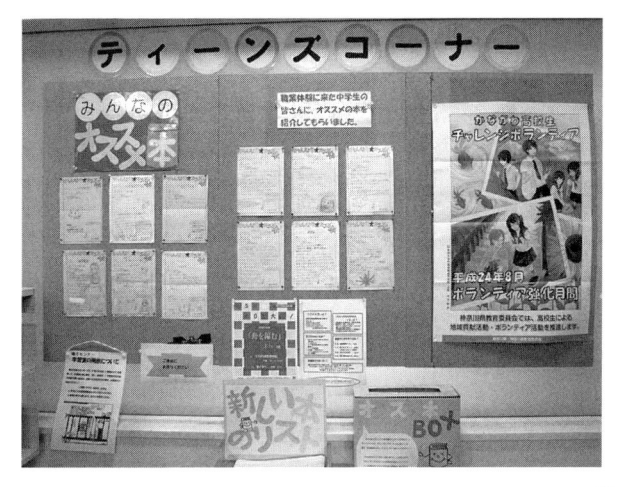

3．ヤングアダルトサービスの展開 | *123*

7-2図 磯子図書館ティーンズコーナー（横浜市磯子図書館提供）[18]

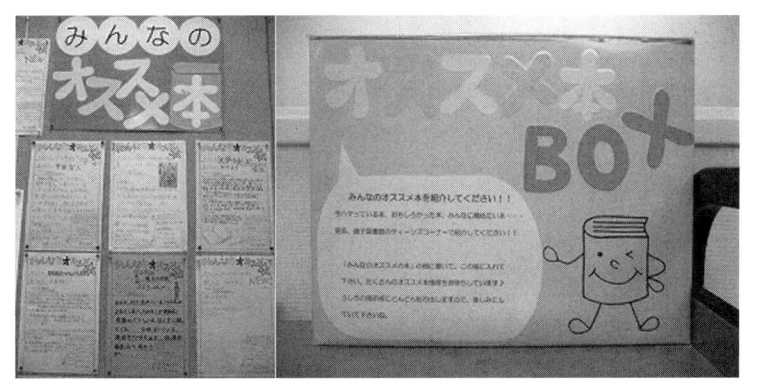

7-3図 オススメ本とオススメ本BOX（横浜市磯子図書館提供）[19]

介などである。こうした広報紙は，HPに掲載したり，印刷物として館内カウンターに置くほか，地域の美術館や博物館，映画館，書店などに置いてもらったり，地域の中学・高等学校で配付してもらったりする。

18：横浜市．"磯子図書館ティーンズページ"．http://www.city.yokohama.lg.jp/kyoiku/library/chiiki/isogo/teens/，（参照2012-05-15）．
19：前掲注18．

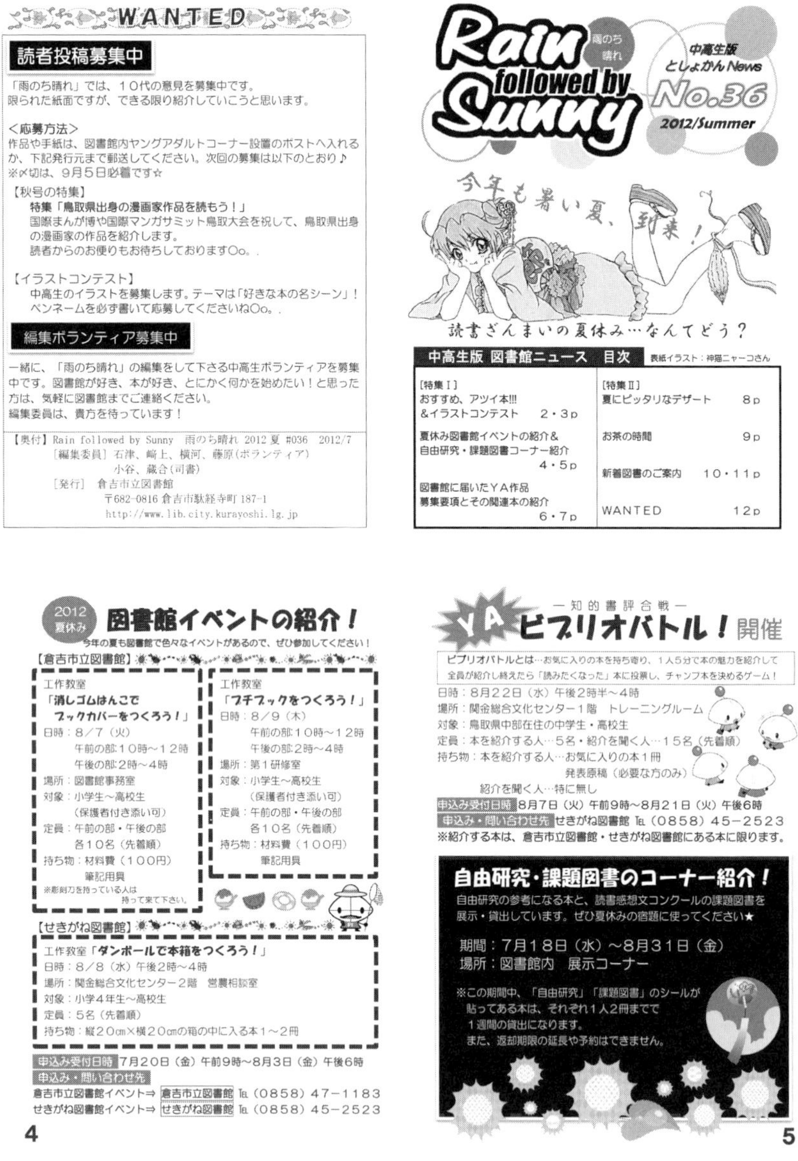

7-4図　倉吉市立図書館のYA向け図書館ニュースの一部（倉吉市立図書館提供）

3．ヤングアダルトサービスの展開 | *125*

　たとえば7-4図は，鳥取県倉吉市立図書館のWebサイトに掲載されている中高生版としょかんNews『Rain followed by Sunny（雨のち晴れ）』である。編集ボランティアと司書の共同編集によるもので，2012年夏号には，「おすすめのアツイ本」「イラストコンテスト」「夏休み図書館イベント」「自由研究・課題図書コーナー」「図書館に届いたYA作品募集要項とその関連本」などがイラスト入りで紹介されている。

c．YA向けHP

　さまざまな情報の提供の手段として，YA専門のWebサイトが作成されている館も増えてきた。例えば，大阪府立中央図書館の「YA！YA！YA！　べんりやん図書館」のWebページには，7-5図のように，「図書館を使いこなす」「べんりやんサイト集」「みんなで楽しむ」「調べものをする」などの領域が用意されており，YAが図書館や本について楽しめ，課題解決に役立つ情報を提供している。

7-5図　大阪府立中央図書館ヤングアダルトのページ（大阪府立中央図書館提供）[20]

20：大阪府立中央図書館，"YA！YA！YA！べんりやん図書館"．http://www.library.pref.osaka.jp/cgi-bin/benriyan/display_top.cgi，（参照2012-05-15）．

d．情報サービス

　YAには，レファレンスサービスを始めとする情報サービスも積極的に提供していく必要がある。YAの日々の情報ニーズは，進学や就職，宿題に関するもの，人生や悩みに関するものなどがある。ニーズに対応できるような種々のテーマのパスファインダーを作成し，館内のあちらこちらに置いておくとよい。自分で調べるきっかけづくりにもなる。

（2）YA向けプログラム

a．講演会等

　YA作家を招いての講演会や座談会，YA読書フォーラム，ライトノベルのCG出力画や雑誌の原画の展示などが行われている。画家への手紙を募集するという試みもある。いずれも，YAにとって魅力ある人や物を前面に出して，YAがジャンルを広げ，読書に親しむことを目的としている。

b．参加型・体験型プログラム

　参加型・体験型のプログラムが増加してきた。「YAフェア」としてパネルディスカッションを行ったり，しおりやブックカバーを作ったりする。中高生ボランティア養成セミナーや図書館活用講座，検索講習会を開催する。講師を招いて「ケータイ小説の書き方」研修会を行ったり，図書館を「若者ダンスカーニバル」の場に提供して，YAを図書館に惹きつけたりしている館もある。また，キャリア教育の一環として，一日図書館員や職場体験実習を行うことも多い。

c．参画型プログラム

　YA友の会やYAサポーターの会を組織して，YAサービスや児童サービスの企画運営に参画してもらったり，YA向け資料の選択に加わってもらったりすることも行われている。

　「ヤングアダルトの参加はティーンエージャーに，集団力学を学び，リーダーシップの技を磨き，地域に貢献し，地域奉仕活動の重要性を認識するよい機会を提供する。ヤングアダルトは責任感と自尊心と自身を獲得する。彼らは図

書館をより一層評価し，図書館と職員に対してより積極的に臨むようになる。」[21]のである。

d．学校（図書館）や地域の関連機関との連携

中学・高校の文芸部やマンガ部の生徒に協力してもらって，広報紙のイラストを描いてもらったり，ポップを作成してもらったりする。広報紙の配付を学校に依頼することもある。学校への団体貸出，朝の読書用セット貸出，生徒への読み聞かせや情報検索の指導など，従来から行われていることでも，YAという視点からみると，伝達する表現や方法に工夫の余地が見いだせるであろう。

地域のハローワークやジョブカフェと連携した就職支援セミナーも行われている。こうした連携が，さらに望まれる。

（3）YAサービスの評価

YAサービスも，他の図書館サービス同様，「計画→実施→評価→改善」という経営サイクルをとることが必要である。評価結果を客観的に示すことは，YAサービスの中期・長期計画の立案には不可欠であるし，YAサービスに対する外部者の理解が得られ，予算獲得にもつながる。

IFLA（イフラ）（国際図書館連盟）は1996年に『ヤングアダルト（YA）向け図書館サービス指針』を発表したが，2008年にその改訂版を発表している。その第4部には，サービスを評価する基本項目として次の五つが挙げられている。

① YAひとり当たりの貸出冊数
② YAひとり当たりのYA向け資料購入費
③ YAひとり当たりのYA向け所蔵資料数
④ YA向け資料の回転率
⑤ YAひとり当たりのプログラム参加数

そしてさらに，来館者中のYAの割合，登録者中のYAの割合など，12項

21：アメリカ図書館協会ヤングアダルト図書館サービス協会．ヤングアダルトに対する図書館サービス方針．ヤングアダルト・サービス研究会訳．第2版，日本図書館協会，1999，p.31．

目が補足の評価項目として提示されている[22]。

（4）YAサービスの課題

　前述したように，YAサービスの実施率は，2002年調査[23]で40.8％であり，実施館のうち66.2％がYAコーナーを設け，51.2％の館にYAサービス担当者がいる。しかし，同調査の「YAサービスについて知りたいことは何か」という設問（三つまで複数回答可）に対する上位の回答は，「資料の種類とその選書方法」（25.8％），「他館のYAサービスの状況」（19.2％），「コーナーの設営と運営方法」（15.1％），「YAの興味・関心」（13.8％）であった。これらの回答からは，YAサービスがまだ模索の段階であることがうかがえる。

　2009年に大阪府立中央図書館が府内市町村図書館43館にYAサービスに関するアンケートを実施しているが[24]，これにはYAサービスの実施の有無に関する設問はなく，実施を前提にアンケート調査が行われているように思われる。しかし，YAサービス担当者は，「兼任」が22館，「いない」が21館であり，選書基準があるのは8館，うち明文化されているのは2館であった。全国的にみて，現在，YAサービスの実施率は2002年調査時よりも高まり，サービス内容もより工夫されてきていると言えるであろう。しかし，サービス体制に進展はなく，児童サービスと成人サービスの中間のサービスとして位置づけられているにすぎず，積極的な意義づけが認められずにいる館が多いようである。それはまた，評価の問題にもつながる。YAサービスが広義の児童サービスに含めて考えられていることもあろうが，YA世代を抽出しての統計や評価は見られない。

　大阪府立中央図書館の調査からは，上述のほか，43館中でYA向けHPが無

22：Pat Muller, Ivan Chew. "Guidelines for Library Services for Young Adults". IFLA Professional Reports No.107. 2008. p.8.
23：前掲注2参照。
24：大阪府立中央図書館．ヤングアダルト（YA）サービスに係るアンケート調査について」．PDF, http://www.library.pref.osaka.jp/central/harappa/2010anketo.html,（参照2012-05-01）．

い：42館，YA向けお勧め本リストが無い：30館，YA向けイベントを実施したことがない：31館，などの結果が示されている。この状況は全国的にも同様であり，YAサービスの体制を確立させ，どのように展開していくか，そしてYA世代にどのようにアピールしていくかなど，課題は山積している。

8章　学校図書館へのサービス

1．学校および学校図書館向け児童サービスの現状

(1) 公共図書館と学校図書館

　公共図書館は，3章にあるように，子どもの読書に対してさまざまな活動を行っているが，その多くは図書館を訪れる子どもたちを対象としている。これに対して，学校図書館は，学校に通う子どもたちが日常的に利用できる図書館であり，学校図書館のサービスを充実させることは，子どもたちの読書を支援していく上で重要である。

　しかしながら，学校図書館には，人・予算・資料など，子どもたちへのサービスを充実させていく上で厳しい状況が続いている。学校図書館単体で充実した読書推進や学習支援を担うことは困難なため，近年は自治体単位で地域ネットワークを構築し，活用する取り組みが増えている。このような状況においては，公共図書館の児童サービスの担当職員は，公共図書館と学校図書館の連携の現状を理解し，学校図書館のサービスの充実に向けて，学校図書館の現状やニーズ，教員のニーズについても理解し，学校や学校図書館との連携を図ることが求められる。

(2) 学校向け児童サービスの種類

　はじめに，日本図書館協会児童青少年委員会が発表した「公立図書館児童サービス実態調査報告2003」[1]から，学校・学校図書館との連携の内容を紹介する。

　8-1表によれば，「『総合的な学習の時間』などで学校との連携・協力」の

1．学校および学校図書館向け児童サービスの現状　|　131

8-1表　公立図書館と学校・学校図書館との連携

連携内容	1999年	2003年	備考
団体貸出	75.6%	84.4%	
出張お話会	19.9%	24.9%	
「総合的な学習の時間」などで学校との連携・協力	該当なし	66.2%	内訳：「学習テーマにそった本の団体貸出」74.5%
事前連絡とルール化		41.8%	
学校との話し合い		33%	

(「公立図書館児童サービス実態調査報告2003」日本図書館協会，2004より筆者作成)

　内訳として，「学習テーマにそった本の団体貸出」が高い数値を示している。これは，平成10年度に改訂された学習指導要領（小学校は平成23年度から平成20年改訂の新学習指導要領に移行済）に伴って誕生した新科目「総合的な学習の時間」によって，調べ学習の機会が増加し，学校図書館だけでは準備しきれない質と量の資料を，公立図書館の児童サービスに求めた事情が反映されていると考えられる。また，学校への貸出増加の実態に反して，「事前連絡とルール化」「学校との話し合い」は高い数値とは言えず，学校と図書館間のコミュニケーションの仕組みは必ずしも整備されているとは言えない。

　学校図書館側からみた公共図書館との連携状況については，文部科学省による平成22年度の「学校図書館の現状に関する調査」がある。8-2表によれば，小学校，中学校，高等学校でそれぞれ公共図書館と何らかの連携を行っている。その内訳として，実施小学校のほとんどが団体貸出（調査内の表現では「公共図書館資料の学校への貸出」）を受けており，中学校と高等学校も高い割合となっている。ここでも団体貸出の需要が高いにもかかわらず，公共図書館側からの学校訪問や図書館と学校図書館の間の定期連絡会が開催されている割合は低い。また，学校図書館の資料ニーズが高いにもかかわらず，公共図書館と学

1：日本図書館協会．公立図書館児童サービス実態調査報告2003．2004．

8-2表　公共図書館との連携率[2]（平成22年度文部科学省調査）

		22年5月現在の学校数(A)	公共図書館との連携を実施している学校数(B)	割合(B/A)	公共図書館資料の学校への貸出(C)	割合(C/B)	公共図書館との定期的な連絡会の実施(D)	割合(D/B)	公共図書館司書等による学校への訪問(E)	割合(E/B)	その他(F)	割合(F/B)
小学校		21,188	15,647	73.8%	14,142	90.4%	2,704	17.3%	3,415	21.8%	1,850	11.8%
中学校		9,837	4,462	45.4%	3,675	82.4%	1,174	26.3%	695	15.6%	507	11.4%
高等学校		3,681	1,639	44.5%	1,474	89.9%	223	13.6%	129	7.9%	227	13.8%
特別支援学校	小学部	653	200	30.6%	149	74.5%	10	5.0%	26	13.0%	40	20.0%
	中学部	657	185	28.2%	134	72.4%	10	5.4%	24	13.0%	44	23.8%
	高等部	700	193	27.6%	137	71.0%	9	4.7%	29	15.0%	49	25.4%
中等教育学校	前期課程	20	9	45.0%	7	77.8%	1	11.1%	4	44.4%	2	22.2%
	後期課程	10	3	30.0%	3	100%	0	0%	1	33.3%	0	0%

校図書館の組織的な連携，担当者間のコミュニケーションは必ずしも密でないことも示されている。

次に，8-1表に示されている団体貸出，出張お話会，の実例を紹介する。

a．団体貸出

団体貸出とは，学校などまとまった資料の貸出が必要な機関に対して，公共図書館が，特別な配慮をもって一定期間，大量の資料を貸し出すサービスである。今日の公共図書館児童サービスでは一般的に普及したサービスであると考えられるが，その利用の度合いは，学校図書館と公共図書館を結ぶ情報と物流のネットワークの有無に大きく左右される。

「年報こどもの図書館2007年版」掲載の「学校・学校図書館と公共図書館の連携」[3]事例によると，団体貸出の制度は地域によって異なる。以下の8-3表

2：文部科学省．"公共図書館との連携率"．平成22年度　学校図書館の現状に関する調査．http://www.mext.go.jp/b_menu/houdou/23/06/__icsFiles/afieldfile/2011/06/02/1306743_01.pdf，（参照2012-07-10）．

1．学校および学校図書館向け児童サービスの現状 | 133

8-3表　学校・学校図書館と公共図書館の連携

自治体・図書館名	貸出冊数上限	貸出期間	図書搬送システム
石川県白山市松任図書館	短期　150冊	2週間（延期不可）	週1回配送車巡回（地域により移動図書館利用）
	長期　無制限	90日間（1回延期可）	
東京都三鷹市西部図書館	1学級　40冊まで[4]	1学期間[4]	配送あり
福岡県小郡市	ネットワーク事業による相互貸借[5]		連絡巡回便（メール便）週2回
沖縄県那覇市	100冊まで[6]	1か月[6]	搬送車（週2回）

（『年報こどもの図書館2007年度版』をもとに筆者が加筆作成）※島根県斐川町は出雲市に統合予定（2011年10月）のため表には含めていない。

は，上記資料で取り上げられている自治体を紹介し，資料に記載の無い項目について，インターネット上の図書館情報から抽出した情報を加筆し作成したものである。

　8-3表の5地域の中では，松任図書館の2005年度の数値として，団体貸出の44.7％が搬送システムの配送車を利用し，残りの55.3％は学校司書が直接来館して学校へ持参するという状況が示されている。この例は，全校に学校司書が配置されている自治体（2005年当時）ならではの人材力がそのまま機動力となっていることを示している。

　学校図書館の整備が進まない中，地域の図書館所蔵資料を共有することによって学校図書館機能を補完・支援する「地域ネットワーク」の発想は，近年の

3：児童図書館研究会編．学校・学校図書館と公共図書館の連携．年報こどもの図書館2007年版．日本図書館協会，2008，p.298-320．
4：三鷹市立図書館ホームページ．http://www.library.mitaka.tokyo.jp/libinfo_dantai.html，（参照2012-05-01）．
5：小郡市立図書館ホームページ．http://www.library-ogori.jp/index.html，（参照2012-05-01）．
6：那覇市立図書館ホームページ．http://www.edu.city.naha.okinawa.jp/lib/annai.html#group，（参照2012-05-01）．

文部科学省の継続的な政策プロジェクトのモデルとして採用され，全国各地に類似の制度が広まりつつある（詳細は本節(3)の「地域ネットワークの構築」参照）。

b．出張お話会など

公共図書館のスタッフが地域の学校の要望に応じて訪問し，さまざまな読書活動を行う事例はかねてより実施されてきたが，特に2000年の子ども読書年以来の地域における読書活動推進の動きの中で，その実施率は学校においても急速な伸びを見せている。

文部科学省による平成22年度の「学校図書館の現状に関する調査」結果によれば，読書活動の実施状況には，特に小学校段階での実施率は100％に近い（8-4表参照）。「全校一斉の読書活動」は，具体的には「朝読書」や「10分間読書」と呼ばれる集団的な読書時間の確保を指す。並行して，読み聞かせや紙芝居，ブックトーク，読書へのアニマシオンなどの読書推進活動のバリエーションが学校現場で活発に展開されるようになっている。その結果，専門的な知識や技能のある公共図書館の児童サービス担当者や地域のボランティアへの要請が増加している。

文部科学省調査によれば，こうした需要を担っているのは公共図書館よりも，むしろボランティアである。前述のとおり「公共図書館司書等による学校への訪問」の小学校での割合は20％前後と低いが，同じ調査でボランティアの活用は小学校の80％近くに達し，その活動内容内訳の95.1％は「読み聞かせ，ブックトーク等，読書活動の支援」となっている（8-5表参照）。

1. 学校および学校図書館向け児童サービスの現状 | 135

8-4表 全校一斉の読書活動の実施状況[7]（平成22年度文科省調査）

		22年5月現在の学校数(A)	全校一斉の読書活動を実施している学校数(B)	割合(B/A)	始業前に実施(C)	割合(C/B)	授業中に実施(D)	割合(D/B)	昼休み・放課後に実施(E)	割合(E/B)	その他(F)	割合(F/B)
小学校		21,188	20,377	96.2%	18,528	90.9%	428	2.1%	392	1.9%	1,029	5.0%
中学校		9,837	8,605	87.5%	8,056	93.6%	225	2.6%	83	1.0%	241	2.8%
高等学校		3,681	1,512	41.1%	1,202	79.5%	143	9.5%	13	0.9%	154	10.2%
特別支援学校	小学部	653	145	22.2%	41	28.3%	64	44.1%	22	15.2%	18	12.4%
	中学部	657	131	19.9%	39	29.8%	48	36.6%	26	19.8%	18	13.7%
	高等部	700	134	19.1%	46	34.3%	44	32.8%	27	20.1%	17	12.7%
中等教育学校	前期課程	20	18	90.0%	17	94.4%	0	0%	0	0%	1	6%
	後期課程	10	3	30.0%	3	100%	0	0%	0	0%	0	0%

		22年5月現在の学校数(A)	全校一斉の読書活動を実施している学校数(B)	毎日実施(G)	割合(G/B)	週に数回実施(H)	割合(H/B)	週に1回実施(I)	割合(I/B)	月に数回程度実施(J)	割合(J/A)	その他(K)	割合(K/A)
小学校		21,188	20,377	3,570	17.5%	9,169	45.0%	6,020	29.5%	646	3.2%	972	4.8%
中学校		9,837	8,605	5,734	66.6%	1,676	19.5%	201	2.3%	259	3.0%	735	8.5%
高等学校		3,681	1,512	811	53.6%	166	11.0%	30	2.0%	28	1.9%	477	31.5%
特別支援学校	小学部	653	145	20	13.8%	17	11.7%	34	23.4%	15	10.3%	59	40.7%
	中学部	657	131	18	13.7%	14	10.7%	21	16.0%	18	13.7%	60	45.8%
	高等部	700	134	23	17.2%	12	9.0%	17	12.7%	20	14.9%	62	46.3%
中等教育学校	前期課程	20	18	10	55.6%	6	33.3%	2	11.1%	0	0%	0	0%
	後期課程	10	3	1	33.3%	1	33.3%	1	33.3%	0	0%	0	0%

7：文部科学省．"全校一斉の読書活動の実施状況"．平成22年度　学校図書館の現状に関する調査．http://www.mext.go.jp/b_menu/houdou/23/06/__icsFiles/afieldfile/2011/06/02/1306743_01.pdf，(参照2012-07-10)．

8-5表　ボランティアの活用状況[8]（平成22年度文科省調査）

		22年5月現在の学校数(A)	ボランティアを活用している学校数(B)	割合(B/A)	配架や貸出・返却業務等，図書館サービスに係る支援(C)	割合(C/B)	学校図書館の書架見出し，飾りつけ，図書の修繕等支援(D)	割合(D/B)	読み聞かせ，ブックトーク等，読書活動の支援(E)	割合(E/B)	学校図書館の地域開放の支援(F)	割合(F/B)	その他(G)	割合(G/B)
小学校		21,188	16,670	78.7%	2,837	17.0%	6,832	41.0%	15,859	95.1%	505	3.0%	494	3.0%
中学校		9,837	2,370	24.1%	755	31.9%	1,233	52.0%	1,205	50.8%	65	2.7%	173	7.3%
高等学校		3,681	101	2.7%	33	32.7%	28	27.7%	52	51.5%	4	4.0%	14	13.9%
特別支援学校	小学部	653	178	27.3%	18	10.1%	34	19.1%	143	80.3%	0	0%	34	19.1%
	中学部	657	154	23.4%	18	11.7%	34	22.1%	114	74.0%	0	0%	33	21.4%
	高等部	700	128	18.3%	15	11.7%	34	26.6%	85	66.4%	0	0%	31	24.2%
中等教育学校	前期課程	20	2	10.0%	1	50.0%	1	50.0%	0	0%	0	0%	0	0%
	後期課程	10	2	20.0%	1	50.0%	1	50.0%	0	0%	0	0%	0	0%

（3）地域ネットワークの構築

　学校図書館が効果的に活用されるためには，教員の身近に学校図書館および学校図書館メディアの活用支援にのってくれる存在がいることが理想的であるが，現状では司書教諭が必ずしも十全に機能しておらず，学校単位ではなく，地域単位で学校図書館の本来的な機能を補おうという試みが各地で進展しつつある。これは公共図書館の側から見れば，児童サービスの地域連携が学校図書館と結びついたものと言え，「地域ネットワーク事業」などと称されている。近年は文部科学省によって以下の8-6表のような継続的な地域活性化事業が展開されている[9]。

8：文部科学省．"ボランティアの活用状況"．平成22年度　学校図書館の現状に関する調査．http://www.mext.go.jp/b_menu/houdou/23/06/__icsFiles/afieldfile/2011/06/02/1306743_01.pdf，（参照2012-07-10）．

9：文部科学省には総合的な資料が存在しないため，筆者が過去の参加地域報告書等から取材した。

8-6表　継続的な地域活性化事業の例

1997-1998年度	（平成9-10）	地域に開かれた学校図書館推進モデル地域事業
1998-2001年度	（平成10-13）	学校図書館情報化・活性化推進モデル地域事業
2001-2003年度	（平成13-15）	学校図書館資源共有型モデル地域事業
2004-2006年度	（平成16-18）	学校図書館資源共有ネットワーク推進事業 （35地域・7億円）
2006-2009年度	（平成18-21）	学校図書館支援センター推進事業 （36地域・2億円）

8-7表　市川市の「読書の街」学校図書館事業の取り組み

1979年	市費による学校司書配置（当時13名）
1982年	学校図書館に「読書指導員」（元教員らを非常勤で委嘱）を配置 （1993年時点で46名）
1989-1994年	教育センター「ネットワーク事業研究員会議」（学校関係者，公共図書館関係者，教育委員会など）
1991年	学校司書・読書指導員が全校に置かれる
1996-1998年	文部省「学校図書館情報化活性化モデル地域」指定　学校図書館蔵書データベース化
2001-2003年	文部科学省「学校図書館資源共有型モデル地域事業」指定

　そもそも地域の図書館ネットワークを基に学校図書館支援の充実を図った最初の事例は，千葉県市川市である。「『読書の街』の創造」[10]によれば，読書の街への取り組みは，1970年代に遡る。当初は自治体の自助努力で構築されてきた地域ネットワーク事業は，その後全国の注目を集めることとなり，近年は文部科学省事業への参画を通してその制度を充実させてきた。同書によるあゆみを8-7表にまとめた[11]。

10：山口重直. 翔べ未来へ!!読書の街市川の創造―三十年の軌跡と未来像. 国土社. 1994. 執筆当時1994年の市川市は，人口約46万人　小学校39校　中学校16校　養護学校1校であった。

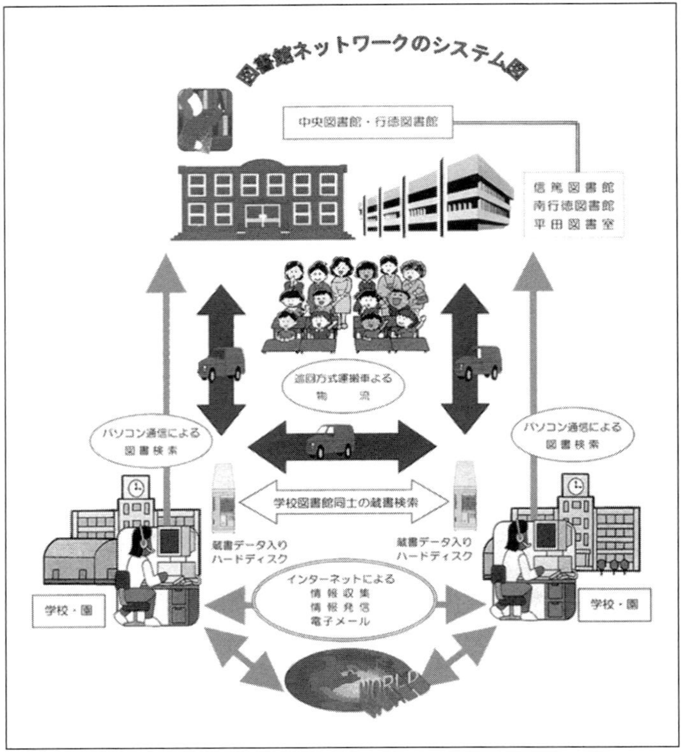

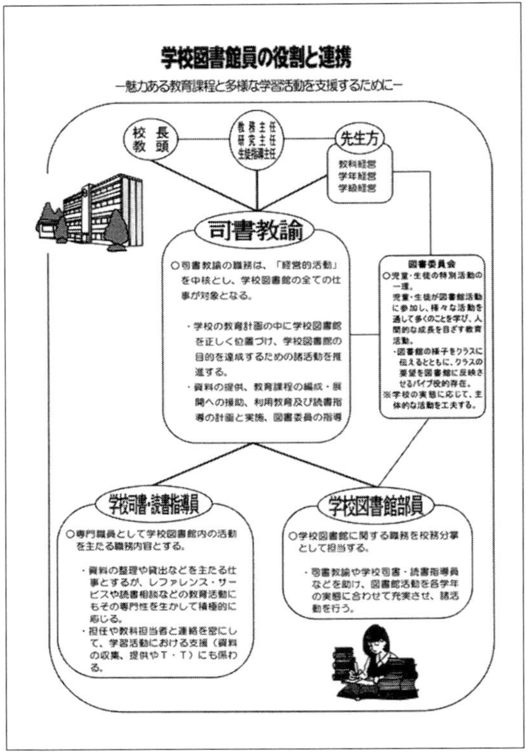

138 | 8章 学校図書館へのサービス

8-1図 千葉県市川市の地域ネットワーク事業（左）と人員配置（右）
（司書教諭情報化教材 Vol.1 市川市妙典小学校、市川市教育委員会、市川市中央図書館発売：富士通ラーニングメディア）

市川市の事例では，情報や物流ネットワークに先駆けて，学校司書や読書指導員といった人の配置が行われている点が注目される。ただし，一連の政府事業と地域ごとの事業の報告書は一般に公開されておらず，事業の包括的な評価も行われていない。評価研究の実施が今後の地域事業の発展の鍵と考えられる。

2．学校図書館の現状

（1）学習指導要領と学校図書館

　日本の教育制度には，全国的な統一カリキュラム，すなわちナショナル・カリキュラムであるところの「学習指導要領」が存在している。学習指導要領は，ほぼ10年に一度の割合で改定され，折々の社会状況を反映し，学校教育で育成する児童・生徒像を示してきた。国際的にみれば，欧米先進国の中にはナショナル・カリキュラムを持たない国もあり，その場合は州や地域レベルでカリキュラム策定を行っている。日本の場合には，教育の質の標準化において学習指導要領は一定の役割を果たしてきたが，一方では全国カリキュラムによって，地域の特性や学校の実情に合わせた教育活動の展開が制限されてきた点は否めない。

　平成以降，少子化傾向が顕著となり，日本の高等教育が「大学全入時代」と言われる構造的な変化を迎えたことを受けて，文部省（当時）は，それまでの知識偏重といった批判に対応するように，「生きる力」の育成をキャッチフレーズに，平成10(1998)年から平成11(1999)年にかけて学習指導要領を告示した。このときの学習指導要領によって「総合的な学習の時間」という新教科が設置され，平成12(2000)年度から移行措置として実施された。

　「総合的な学習の時間」は，それまで全国レベルのカリキュラムによる制約が大きかった教育内容を，学校や地域の実情に応じて改変することを可能にし

11：前掲注10と同。

た。しかしながら開始当初，ノウハウの構築や環境整備の多くが学校現場に委ねられたことにより，学校現場の混乱と負担はきわめて大きいものになった。このとき学校図書館では，平成9(1997)年に公布・施行された改正「学校図書館法」によって，12学級以上の規模の学校への司書教諭の配置義務が生じていたが，その配置期限が，平成15(2003)年3月31日で，学習指導要領の前倒し実施（平成12年度から）と相前後したこと，さらには改正が12学級以上の学校のみと，一部に留まったこと，司書教諭に専任規定が無いこと等が重なり，学校図書館が総合的な学習の時間等の支援を十分に果たす状況には至らなかった。

小学校では，平成23年度から新しい学習指導要領が施行された。この新しい学習指導要領への改訂に先んじて，OECDのPISA「生徒の学習到達度調査」における日本の低迷という事態があった（8-2図参照）。「PISA型読解力」の詳細は1・10章で述べられているため，ここではPISA型読解力が平成20年度改訂の新学習指導要領の学校図書館記述に影響を与えた点についてのみ触れておきたい。新小学校新学習指導要領には図書館活用の記述として「索引を活用して検索」といった記述が追加されたが，これは従来の記述に比べると非常に具体的であり，小学校低学年から各種の参考図書・情報源の活用を体系的に

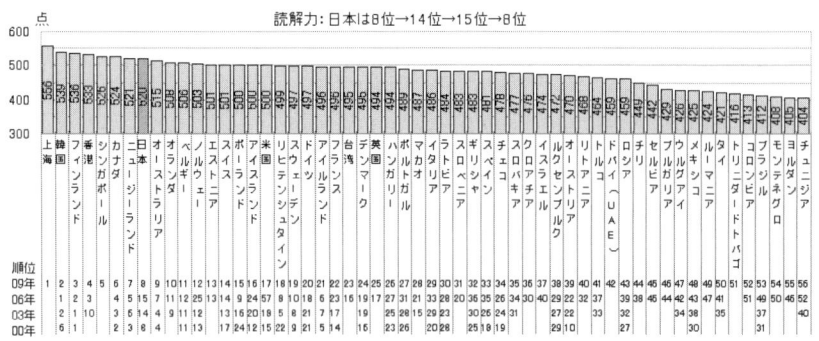

8-2図 2009(平成21)年学力の国際比較 読解力編[12]

12：本川裕．"学力の国際比較（2009年）"．社会実情データ図録．2010-12-08．http://www2.ttcn.ne.jp/honkawa/3940.html，（参照2012-7-10）．

指導する必要性が，読解力育成の観点から教育現場で認識されてきたことの表れと言える。

（2）学校図書館の現状

ａ．学校図書館における人の問題

　学校図書館法では，その専門的な職務を掌るのは，教員である司書教諭と規定されており，図書館の専門性よりも，教育の専門家としての身分により重きが置かれている。教諭であることの重要性は，特に小学校において顕著であると考えられる。なぜなら小学校段階では学年ごとの発達の差が大きく，各発達段階の特性をよく理解し，その違いに応じた教授経験のある教員が学校図書館活用や読書の指導を行うことには大きな利点があると考えられるからである。しかし，一般教員に司書教諭を充てる現行制度では，専任とする規定はなく，多くの場合，学級担任や教科の教員との兼任となっているため，図書館業務に割ける時間が必ずしも十分ではない状況にある。

　一方，中学校以降は教科教育制によって教科間の専門性の壁が高くなり，一人の担任が全科目を担当する小学校と異なり，学習の総合性や教科を横断して学ぶ機会は大きく減少する。それぞれの学問分野の教育体系に沿ったカリキュラムが求められ，図書館の資料選定にも専門性が要求される。読書能力の発達が一段落し，徐々に大人の読書活動に移行していく中学校以上の学校図書館専門職に求められる知識は，図書選定や図書館機能に関する専門性の高いものであるべきだが，現行の司書教諭制度やその養成内容は，教育課程の各段階の状況に対応できるものにはなっていない。

　昭和28(1953)年の「学校図書館法」施行以来，平成9(1997)年の「学校図書館法」改正までの約半世紀の間，司書教諭は一部の例外を除いてほとんどの学校には配置されなかった。その間，学校図書館運営の要員となっていたのは，「学校司書」であった。今日に至るまで，学校図書館に力を入れる地域・学校では独自に採用され続けている学校司書の存在は，平成9年の「学校図書館法」改正時において全く省みられず，今日に至るまで法律上の規定は存在して

いない。

このように，過去の「学校図書館法」改正によって，学校図書館運営の本質的な検討や見直しは行われてこなかったが，近年の文部科学省の学校図書館調査[13]において「学校図書館担当職員」という用語で，学校図書館における業務を担当する司書教諭以外の職員について調査が行われるようになった（8-8表参照）。さらには鳥取県知事時代から図書館行政に力を入れてきた片山総務大臣（平成23年7月当時）が，学校における司書の配置に言及したことも報道され[14]，学校司書の役割が再評価されつつある。今日の，そして未来の学校図書館員に何が求められるか，といった本質的議論の発展は，日本の学校図書館のみならず学校教育そのものの発展においてもきわめて重要である。

8-8表 司書教諭および学校図書館担当職員の配置率[15]（平成22年度文科省調査）

	学校数(A)	学校図書館担当職員を配置している学校数(B)	割合(B/A)	学校図書館担当職員の勤務形態 常勤職員数	非常勤職員数	常勤の学校図書館担当職員を配置している学校数(C)	割合(C/A)
小学校	21,471	9,612	44.8%	2,141	7,768	2,071	9.6%
中学校	10,634	4,913	46.2%	1,447	3,803	1,347	12.7%
高等学校	5,087	3,528	69.4%	3,171	867	2,975	58.5%
合計	37,192	18,053	48.5%	6,759	12,438	6,393	17.2%

b．学校図書館における予算の問題

政府は，2002年度から「学校図書館図書整備5ヵ年計画」を立て，年間130億円の予算で5年間，計650億円を図書購入予算として計上した。さらに「新

13：文部科学省．平成22年度「学校図書館の現状に関する調査」結果について（概要）．http://www.mext.go.jp/b_menu/houdou/23/06/__icsFiles/afieldfile/2011/06/02/1306743_01.pdf，（参照2012-07-10）．
14：読売新聞．"片山総務相，「全学校図書館に司書配置を」"．2011年7月14日．
15：文部科学省．"司書教諭および学校図書館担当職員の配置率"．平成22年度 学校図書館の現状に関する調査．http://www.mext.go.jp/b_menu/houdou/23/06/__icsFiles/afieldfile/2011/06/02/1306743_01.pdf，（参照2012-07-10）．

学校図書館整備5ヵ年計画」では，さらなる5年間で1,000億円を2011年度まで支出する計画を立てている[16]。これらの予算が正当に学校図書館図書整備費に充てられれば，平成18年度は，学級規模18の小学校で約45万円，同15の中学校で約77万円，翌19年度は同小学校69万円，同中学校で116万円の図書費が計上される予定であった。

　しかしながら，文部科学省児童生徒課が平成20年4月に発表した平成18年度・19年度の「学校図書館図書関係予算措置状況調べ」[17]によると，実際に100％この予算が活用された小中学校は，平成18年度で50％未満，翌19年度に至っては20％未満という状況である。都道府県別に見ても，100％を達成しているのは，上記2年間を通じても47都道府県の半数に満たない。その理由として，ほとんどの学校が財政事情を挙げている。政府が図書整備費を準備しても，学校現場ではその重要性が理解されず，予算が有効に活用されていない現状がある。ここから見えてくることは，10年間に1000億円単位の予算を使用しても，その重要性が地域や学校に伝え，予算を確実かつ効率的に活用するためには，その責任を担う「人」が必要であるということである。

　現状で，一校単位で十分に機能している学校図書館は公立学校ではごく限られており，一部の先進校や私立学校に限られる。充実した施設と運営を両立できる学校図書館を担う人材は，大きな法改正によらない限り，兼任の司書教諭やボランティアが中心となる状況が続き，今後も学校図書館支援の比重は地域にかかることが見込まれる。いきおい地域支援の拠点である公共図書館の児童サービスの担当者の，学校図書館に関する知識理解の重要性は高くなる。

c．学校図書館における資料の問題

　そもそも前述の学校図書館予算の問題は，学校図書館における所蔵資料の不

16：文部科学省．新学校図書館図書整備5か年計画．文部科学省．2007-03-12．http://www.mext.go.jp/b_menu/shingi/chukyo/chukyo7/shiryo/07051701/001/008.pdf，（参照2012-07-10）．
17：文部科学省児童生徒課．"平成18年度・19年度学校図書館図書関係予算措置状況調べ"．文部科学省．2008-4-21．http://www.mext.go.jp/b_menu/houdou/20/04/08041815.htm，（参照2012-07-10）．

足への対策として発生したものであり、学校図書館においてはこれまでも恒常的な資料不足が指摘されてきた。

　学校図書館に必要な資料の目安として、文部科学省は「学校図書館図書標準」を定めているが、この標準の達成率は従来きわめて低く、最新の調査[18]でも、その達成率は、小学校で50.6％、中学校で42.7％と、約半数の学校で満たされていない状況にある。こうした恒常的な資料不足が、公共図書館の児童サービスに対するニーズとして現れている。

　これまでに述べてきたように、「総合的な学習の時間」の創設により、学校では調べ学習の機会が増加した。反面、現状では多様なテーマ、あるいは深い調査に対応できる十分な学校図書館メディアが各学校図書館に配置されていない。「学校図書館法」の第2条で、学校図書館設置の目的として最初に述べられているのは「教育課程の展開に寄与する」という点である。しかしながら伝統的に日本の学校図書館では、同法目的二つ目の「健全な教養を育成する」読書活動への偏重傾向が強く、学習活動における図書館の活用は、結果としては軽視されてきた。そのため「総合的な学習の時間」発足当時、「調べ学習」の機会が、特に小学校で増加したものの、十分な図書資料が学校図書館には準備されていなかったため、公共図書館への団体貸出ニーズが高まる結果となった。

　今後、公共図書館が重視すべき学校図書館向け資料としては、第一に日々の授業で活用できる調べるための情報源が挙げられる。平成23年度から小学校で施行されている新しい学習指導要領では、言語教育重視の傾向を受けて、学校図書館活用の記述に「索引を利用して検索」といった、具体的な記述が追加された。「目次や索引」がある本とは、つまりは「調べるための本」のことであり、小学校低学年から活用できる科学絵本や知識絵本、図鑑、年鑑、といった各種参考図書のニーズは今後さらに高まることが予想される。

　PISA型読解力を意識して文部科学省が作成した「読解力向上に関する指導

18：文部科学省. 平成22年度　学校図書館の現状に関する調査. http://www.mext.go.jp/b_menu/houdou/23/06/__icsFiles/afieldfile/2011/06/02/1306743_01.pdf,（参照2012-0-10）.

資料」[19]の教科別取り組みの例では，以下の8-9表のような事例が紹介されている。

8-9表 「読解力向上に関する指導資料」の教科別取り組みの例

中学2年数学	インターネットの接続料金プランから情報を読み取り，目的に応じて判断する力を養成する（前述資料 p.21）
中学3年理科	塩や砂糖，片栗粉など4種類の白い粉を，生徒には何かわからないように別々の湯に入れ，得られたデータを解釈して物質を推論する（前述資料 p.24）
小学校高学年国語	表やグラフに示されている内容から課題を見いだし，他の資料を用いて意見文を書きまとめることを通して，目的や意図に応じて効果的に情報を読み，自分の考えを明確にもつことができるようにする（前述資料 p.34）
中学1年社会	ある県の人口増加率の表を踏まえて，県全体の人口がどのように変動しているかなど，現実に起きている事象との関係を考察する（前述資料 p.36）

このような例示が示唆しているのは，読解力育成の過程で求められる情報源とは，学習参考書やドリルなどの加工された教材ではなく，学習者の自発的な発見や探究の対象となる生のデータや素材であるということである。媒体としては，図書資料に留まらず，新聞，雑誌，インターネット上の各種情報源など多岐にわたる。現在の多くの学校図書館では，所蔵資料の質・量ともに限界があるため，公共図書館の一般および児童向け資料・情報源の中から，いかに適切かつ的確な資料を学校へ提供できるか，という点が児童サービス担当者の腕の見せ所ということになるだろう。

19：文部科学省．"読解力向上に関する指導資料　PISA調査（読解力）の結果分析と改善の方向"．文部科学省．2005．

3．学校図書館向けサービスの課題

（1）学校図書館向け資料の整備

　近年の学校教育では，読解力の育成や言語活動に重点が置かれている。そのため，従来の教科書中心の授業から，多様な教材や教育方法を用いた応用的な学力の育成の機会が増加しており，学校図書館では授業内容を発展させるための多様な資料がますます求められる傾向にある。

　参考図書と呼ばれる，調べるための図書，すなわち国語辞典や漢和辞典をはじめ，百科事典や各種の図鑑はほとんどの学校で必備されているものであるが，価格が高いため，常に最新のものを揃えられるわけではない。また図鑑などについては近年各出版社から図版の美しいものが出版されているが，学校図書館では複数の出版社のシリーズを揃えるということは予算的に難しく，資料選択の幅に制約が出る。総合的な学習の時間における各種の調べ学習関係資料では，全国の小学校で定着した観のある「米」や「環境」の学習については各学校である程度の蔵書を有しているとしても，それ以外の多種多様なテーマについては，1テーマあたり20種類の図書を揃えることは，多くの学校図書館では困難である。公共図書館に求められるものは，これらの不備を補う資料の多様性と，時系列的な，長期間にわたる蓄積であろう。

　地域事業として学校図書館を支援している公共図書館では，学校向けの貸出セットを常備しているケースもある。教科書の進行どおりに地域の全学校から同時期に同じテーマの資料貸出依頼が殺到することを避けるために，地域内の学校間で年間のテーマ学習の時期をずらして計画するなど，資源共有のためのシステム作りと工夫が前提となる。前述する千葉県市川市はそれを実現した例である。結果的に，地域内で学校図書館利用が計画的になるという利点がある。

　近年の学校教育においては，娯楽や教養のための「児童向け読み物」に留まらず，学力育成・向上に関わる「調べるための本」のニーズが高い。児童サー

ビス担当者は，こうしたニーズについても知っておく必要がある。

（2）司書教諭や教科教員との連携・協働

　本章内で繰り返し述べてきたように，公共図書館と学校の間では，団体貸出や読書活動支援などの具体的な連携・協力については増加傾向にあるものの，定期的な連絡会や学校訪問などの機会はきわめて少なく，司書教諭や教科教員が直接公共図書館と接触する機会は限られている。

　その要因としては，以下の3点が考えられる。

①教員側の図書館知識の不足
②図書館員側の教育学や学校文化・学校制度に関する知識の不足
③連携・協力のための人員や時間の不足

　①については，現行の司書教諭の養成制度の問題がある。現在，司書教諭は，教員免許に加え，5科目10単位の学校図書館司書教諭科目を履修することで取得が可能である。しかしながら図書館の専門職と呼ぶには5科目10単位という知識量は十分ではなく，さらには2003年度からの「学校図書館法」の改正の際には，一部履修科目の減免措置が取られたために，実際には1科目2単位を通信教育等で履修し資格を取得した現職教員が少なからず存在する[20]。1科目2単位程度では，学校図書館だけでなく図書館一般に関する専門知識（分類や目録など）も限られ，一般教員においては，学校図書館に関する知識・理解はさらに乏しい状況にある（詳細は，148頁の「教員の情報ニーズ」参照）。

　②の図書館員側の知識不足については，図書館司書の養成課程では，本「児童サービス論」科目以外で，教育や学校について触れる機会は確保されていないという現状がある。司書資格有資格者は，生涯学習機関としての公共図書館に関する知識はある程度身につけたとしても，学校や子どもの文化に関する知

20：種村エイ子は，以下の文献の中で，鹿児島県内の事例として，「図書館主任などの経験により減免処置の適用を受け，放送大学などで2単位受講したのみで資格を取得した方が多いようだ」と述べている。　種村エイ子．学習権を支える図書館．南方新社．2006, p.277.

識を身につけることは難しく，子どもとの接解体験も限られる。子どもに対する図書館サービスの専門性が十分に確立していない日本では，就労後に日々のサービス業務の中で，子どもや教員の実態やニーズに触れ，経験を積むことが必要である。学校を訪問しての読書活動などは，公共図書館員が学校文化に触れる貴重な機会になり得る。こうした機会に，教員や児童生徒の生の声に触れ，ニーズを汲んでいく積極的な姿勢が求められる。

③の人員や時間の不足については，学校・図書館双方がコミュニケーションを図るための地域の体制づくりが有効であろう。

（3）教員の情報ニーズ

学校における教員の情報ニーズは，本来的には，まず学校内の学習情報センターとしての学校図書館を経由して満たされるべきであるが，前節までに述べてきたとおり，学校図書館の整備状況には格差があり，教員の情報ニーズについてすべての学校図書館が十分に対応できているとは言えない。結果的に，教員は学校内で生じた情報ニーズを学校図書館以外の場所あるいは方法・機会に求めているのが現状である。

しかしながら，その場合も，地元の公共図書館に自ら出向いたり，公共図書館が学校向けに提供しているサービスについて熟知している教員は極めて限られていると言えるだろう。

堀川照代は「子どもの情報行動に関する調査研究」の「4・1　公立・学校図書館に関わる子どもの情報行動」において，教員を対象にした学校図書館利用調査について以下の調査を紹介している[21]。

安藤由美子（1991）[22]は，教員が利用している記録情報（図書や雑誌などの記録された情報源）について，教育活動でどの程度利用されているか，217名

21：堀川照代ほか．"公立・学校図書館に関わる子どもの情報行動". Current Awareness Portal. 2008-06. http://current.ndl.go.jp/files/report/no10/lis_rr_10.pdf，（参照 2012-07-10），p.36-58.
22：安藤由美子．教育活動における教員の記録情報利用―中学校教員を対象に実施した質問紙調査. Library and Information Science. 1991, vol.29, p.139-160.

を対象に質問紙調査を行った（回答数92，回答率約42％）。教科指導においては，「特定の主題分野の知識を得るための雑誌や図書」の利用が最も高く，続いて「教科書の指導書」「教育実践に関する専門書」「研修や講座などでの配布資料」「一般の雑誌や新聞」の利用が多かった。

木村牧ほか（1994）[23]は，箕面市の教員（小学校303名，中学校208名）と枚方市の教員（小学校83名，中学校54名）の学校図書館意識や利用程度を調査した。小学校の利用内容では箕面市，枚方市ともに「自由読書」が多く，中学校では「一斉利用なし」が増加する。教員自身の利用目的は，小中とも7割以上が「授業用の資料を探すため」で，利用の多い資料は，教育専門の雑誌や新聞，教育の実践・事例集，絵や写真の載った一般図書，教科書の指導書，視聴覚資料であった。

全国学校図書館協議会は，2006-2007年度に小学校35校505名の教員，中学校21校354名の教員を対象に学校図書館利用状況を調査した[24]。図書館を利用する教員が感じる学校図書館の問題点として，「必要な資料がない」「資料がみつけにくい」「児童・生徒が利用に慣れていない」「指導の支援者がいない」が上位に挙げられている。

（4）授業づくりへの支援

総合的な学習の時間において，調べ学習の一環として学校図書館が利用される機会が増加したとはいっても，学校図書館はいまだ教員の情報ニーズを十分に満たすだけの施設になってはいない。しかしながら，前項で紹介した各種調査によって，教員の資料ニーズが，教科指導においては，「特定の主題分野の知識を得るための雑誌や図書」（安藤，1999）[25]，「授業用の資料を探す」（木村ほか，1994）[26]にあり，資料ニーズ以外の問題点として，全国学校図書館協議

23：木村牧，藤戸あゆ美，北村幸子．教育活動における教師の学校図書館利用：箕面市・枚方市（抽出）のアンケート．図書館界．1994, vol.46, no.2, p.72-79.
24：全国学校図書館協議会．平成18年度新教育システム開発プログラム報告書．全国図書館協議会，2007, 52p.
25：前掲注22参照。

会調査によって「児童・生徒が利用に慣れていない」「指導の支援者がいない」（全国学校図書館協議会，2007）[27]という点が指摘されている点に留意すべきである。

　学校図書館が授業で活用されない理由の一つに，教員自身の学校図書館活用の経験や知識の不足が挙げられる。「学校図書館活用を促す教員向け探究型学習パッケージ」[28]の体験後の参加教員の感想には「低学年の調べ学習には〈本から見つけた！〉という達成感をもたせたい」「どんぴしゃりの解答がのっていないと「先生，のってません」という子どもたちに道筋を示してあげることが調べ学習の醍醐味」など肯定的なものが多かった。その一方，「1つの問いに対して，2つや3つの資料からまとめるというアプローチの仕方は，とても役に立ちました」「目次から読むという発想はとてもいいなと思いました」「蔵書を選ぶ側として，問いのたてられる本，その観点から本をさがしてみたい。本を吟味する観点を発見した」という感想に見られるように，「複数資料にあたる」「目次や索引の使い方」「調べるための本の選定」など，学校図書館や図書活用の基本的な知識と考えられている部分についても，一般教員にはなじみが薄い実態も明らかになった。

　こうした実態から，教員が学校図書館を計画的・効果的に活用した授業を行うためには，教員側の意欲やニーズに任せるだけでは十分ではなく，教員に不足している図書館の知識や学校図書館メディアの活用法について，より踏み込んだ支援や研修が求められている。過去の公共図書館の学校図書館との連携は，資料提供や，読書活動などの支援が多かったが，学校教員の図書館活用の知識の育成も実は公共図書館の重要な役割の一つであると考えられる。現在はそこ

26：前掲注23参照。
27：前掲注24参照。
28：2009年6月に宮城県仙台市教育委員会確かな学力育成室と東北大学の協力を得て，仙台市の情報教育の研究会「情報活用型授業を深める会」メンバー対象に実施したワークショップでの様子が以下に掲載されている
　　河西由美子．特集，学校図書館の教員サポート機能：調べ学習パッケージの開発─学校図書館を活用した探究学習のすすめ．2010, vol.2010-1（通号711），p.30-32.

まで踏み込んだ支援を行うための体制が公共図書館側に整っているとは言えず，このような支援は今後の課題であろう。

9章　地域と公共図書館

1．家庭への支援

（1）家庭への支援の意義

　子どもは生まれてすぐにそれぞれの家庭環境におかれ，その中で子ども時代の大半を過ごす。特に乳幼児期の幼稚園や保育所に通園しはじめる前の子どもたちは，その生活の大半を家庭で過ごす。しかし，その家庭は学校や幼稚園などの公的機関と違い，子どもたちが成長する上で必要な条件を満たしているとはかぎらない。特に近年はネグレクトを含む児童虐待が社会問題となるなど，子どもの育つ環境を豊かにする必要が論じられ始めている。子どもが育つためには，十分な食事や衛生的な状態など物理的によい環境を整えるだけではなく，精神的にも豊かな環境が必要であり，読書環境や学習環境の整備はその土台をなすものであるため，図書館サービスが家庭への支援を行っていくことは不可欠であるといえるだろう。

　20世紀は子どもの世紀といわれ，エレン・ケイがその著作の中で家庭教育の重要性とそのための女性への教育の重要性を述べたように，20世紀には子どもの生存権や福祉を受ける権利だけではなく，教育権や情報を得る権利が徐々に明文化されていった（子どもの権利宣言，1924,1959；子どもの権利条約，1989）。しかし，現実には子どもたちがおかれる家庭環境は，地域や国の状態による差異や歴史的な差別の結果による差異だけではなく，個々の家庭環境による差異も大きい。そのため，支援の進んだ国では，家庭環境による差異により，子どもが不利益を受けることのないように，低所得者層や言語上のマイノ

リティの子どもたちへの手厚い支援に取り組んでいる。日本においても今後このような支援の充実が望まれる。

　米国教育省アウトリーチ局では，助成金を出して，子どもたちの読み書きや読書の環境を整えることを推進している。2010年度から大幅に規模が縮小されたものの，このプログラムの特徴は，どの子どもにも同じようなサポートをするのではなく，言語上のマイノリティである子ども，身体上のハンディキャップをもつ子ども，低所得者層の子どもなど，読み書きや読書の環境に恵まれていない子どもたちに焦点を当てていることである。また，環境の向上のために子どもたち自身だけではなく，その家庭全体へのサポート，特に親に対するサポートに力を入れていることも注目に値する。

　具体的なプログラムには，米国教育省コミュニケーション＆アウトリーチ局が担当するU.S. Department of Education Programsの一部として，Early Reading First, Even Start, Striving Readersなどがあり，2010会計年度には七つのプログラムが挙げられている[1]。

（2）子育て支援における公共図書館の役割

　公共図書館は，すでに1世紀以上にわたって子どもたちへのサービスを実施し，子どもの成長に寄与する役割を持つとしてきたが，読書や学習における子どもへの直接の支援だけではなく，子育てをする親への支援も含めたサービスが注目されるようになったのは，日本では2000年ごろからである。そのきっかけはイギリスで実施されているブックスタートが日本に紹介され（6章参照），乳幼児に対するサービスや保健所など他の機関と図書館との連携への注目が高まったこと，また1990年代からの高度情報社会において，図書館の役割が見直される中で，ビジネス支援や健康情報サービスなど新しい切り口の図書館サービスが模索され，その一つとして子育て支援サービスにも焦点が当てられるよ

1：Guide to U.S. Department of Education Programs, Fiscal Year 2010 (Office of Communications and Outreach, Washington, D.C.), PDF, http://www2.ed.gov/programs/gtep/gtep.pdf, (access 2012-05-01).

うになってきたことであるといえるだろう。

　英国で実施されているブックスタートほど組織的な支援はまだ行われてはいないものの，1970年代から保健所文庫などで同様の支援が行われてきた歴史もあり，子ども本人へのサービスだけではなく，子育て中の親へのサービスとして，乳幼児に読んであげる絵本などの紹介や子どもが読書をすることの意義に関する啓発活動などが日本でも始められた。このサービスは単に読書・学習の支援という従来の図書館サービスにとどまらず，子育てに悩む親へのアドバイスを行う形で，読み聞かせなどを子育ての一部として扱っているところに特徴がある。

　また，子育て支援サービスの実施にあたって，複合施設を利用している自治体も多くなってきている。子連れで出かけるには，アクセスのよいことが重要な要素となることもあり，自治体の中には公立図書館・児童図書館と子どもの遊び場や子育て支援センターとの複合施設構想実現化を次々に進めているところもある[2]。子育てにおける一般的な相談ができたり，子どもを安心して遊ばせることができたり，子育て中の親同士の交流ができたりする機会へのニーズは高く，図書館の利用だけを目指して来館する場合よりも，親にとっては来館しやすく，また図書館側にとっても図書館を日頃利用しない潜在利用者層の来館を促すことができ，メリットは大きい。ただし，複合施設とするときには，それぞれの規模が小さくなりすぎる傾向があるため，図書館として利用者のニーズを満たすサービスを行うことができるコレクション規模や施設の広さを確保することも併せて考えておかなければならない。

　現在の子育て支援としての図書館サービスの課題は，図書館やそのサービスの内容，さらに子どもの読書や学習に関心を持たぬ保護者層にこそサービスを

2：(1)高松市では，高松市こども未来館構想があり，ここに図書館機能も含めた子育て支援センターを作る予定である。参考資料「高松市こども未来館（仮称）基本構想」。http://www.city.takamatsu.kagawa.jp/file/18975_L12_kousou1.pdf，（参照2012-07-10）。
(2)花巻市では，花巻図書館の老朽化に伴い，花巻図書館整備市民懇話会が中心となって子育て支援センター機能をもつ新しい図書館施設を計画中である。http://www.city.hanamaki.iwate.jp/city/somu/1322541865295.html，（参照2012-07-10）。

提供することが求められているにもかかわらず，それを実現することに困難が伴うことである。図書館における子育て支援サービスを積極的に求める利用者のニーズを充足すると同時に，自らは足を運ばない潜在利用者のニーズを引き出すための工夫をすることも肝要であり，他機関との連携や子育て中の保護者が立ち寄りやすい場所にサービスの拠点をおくことなどもサービスの拡充のための今後の重要な要素となるだろう。

（3）継続的な支援機関としての公共図書館

　このように子育て支援に焦点を当てた図書館サービスが注目されるようになってきたものの，子ども時代を0〜18歳までの長期的な視野でとらえ，どのようにサービスを行っていくかはこれからの課題といえるだろう。

　現在公共図書館における子どもへのサービスには，乳幼児サービス，児童サービス，ヤングアダルトサービスがあるが，サービスの方法や技術が別々に発展してきた歴史的な経緯から，そのサービスの連続性に欠けているのが実情である。発達段階によってサービスを変化させることが重要である一方，子どもの発達段階は明確に分けられるものではなく，子どもたちが変わっていく時期のサービスにはより細かな心配りが必要となってくる。

a．乳幼児期（乳幼児サービスを中心とする時期）

　乳幼児期は，ほとんどの子どもが自分ではまだ本を読めない時期である。また，学齢期以前であるため，読書は主に読み聞かせなど大人に読んでもらったり，お話をしてもらったりすることを中心とする時期であり，学びも実体験を中心とする時期である。そのため，サービスもおはなし会や工作会などの集会活動や保護者への支援が中心となる。このような乳幼児サービスは，現在多くの自治体で始められているブックスタートなどと連携し，子どもが生まれた時から保護者向けのサービスを始めることが重要である。しかし，実際には，図書館や読書に関心のない保護者にどのようなアプローチをすればよいかが課題となっている。

b．学童期（児童サービスを中心とする時期）

　学童期の低学年時代は，読み書きの開始期であるが，読書をし，読書を楽しむことができるためには，読んだ文章をイメージしたり，批判的に読んだりできるようになる必要がある。つまり，文字を読めるからといって本が読めるわけではないため，子どもたちが自分で読書をすることができるようになっていくには，乳幼児期から引き続いて読み聞かせをしていくことが重要である。また，精神的な発達段階と合わせて考えると，この年齢の子どもたちが読める本と読みたい本の難易度のギャップもあることから，文字の読み書きができる子どもにも読み聞かせをしていくことがこの時期以降の子どもたちの読書習慣の形成において大切な役割を果たしている。

　しかし，実際には子どもたちが自分で本を読めるようになると，読み聞かせは必要ではないと考える家庭も多い。このような状況において，公共図書館が貸出やレファレンスサービスだけではなく，おはなし会を実施したり，家庭における読み聞かせの重要性を伝えていったりすることに力を入れることの意義は高い。

　さらに，学校での学習が始まると，科学分野や社会分野において，実体験だけではなく，本や参考図書で調べるという作業も加わってくるため，参考図書の利用方法や情報探索の方法などの学習支援も本格的に必要となってくる。現在の学校図書館の多くは，このような学習支援を実施できる人的配置に欠けているため，公共図書館による支援は価値がある。

c．ティーンエイジャーの時期（ヤングアダルトサービスを中心とする時期）

　ティーンエイジャーの時期の大半は中学・高校生時代であり，思春期と重なることや通塾やクラブ活動が増える時期と重なっていることもあって，子どもたちへの直接的な支援が難しくなってくる時期である。統計的にも中高生の読書離れが指摘されることも多く[3]，読書習慣の形成期である学童期をどのように充実させ，かつ十代の時期に継続させていくかが大きな課題である。

　また，学校教育の中で出される宿題としては小学生時代に比べて調べる学習が減少していく傾向にあり，学童期に十分な情報探索能力や情報活用能力[4]が

育成されていないと，自ら図書館を利用して調べることは困難になることから，学童期・ティーンエイジャーの時期の双方を見据えた継続的な図書館利用支援が不可欠である。

　しかし，現状では，各時期を対象としたサービス間の連携はまだ行われていない部分が多く，連携を進めることが，乳幼児期に読み聞かせをしてもらっていても，小学生になった時点で，自分で読書をする段階への移行がスムーズにいかなかったり，中学生・高校生になってから読書に興味を失ったりするという課題を解決することにつながるといえるだろう。

2．地域との連携

（1）地域との連携の意義

　子どもの読書や学習は，子どもの生活の一部であり，それのみで独立して成立するものではない。したがって，子どもの生活全体また子どもの発達全般をバランスよく支援していくためにも，読書や学習に関わる地域の機関や施設だ

3：2011年に実施された「第57回読書調査」（全国学校図書館協議会・毎日新聞社主催）でも，5月1か月間の平均読書冊数は，小学生9.9冊，中学生3.7冊，高校生1.8冊となっており，さらに不読者の割合は，小学生6.2％，中学生16.2％，高校生50.8％であり，2010年度と比較しても，中学生・高校生はそれぞれ不読者率が増加したことが報告されている。この傾向は2011年だけのものではなく，長期間にわたって見られる傾向である。

4：臨時教育審議会第二次答申においては，情報活用能力を「情報及び情報手段を主体的に選択し活用していくための個人の基礎的な資質」と定義し，その後の教育課程審議会答申では，「社会の情報化に主体的に対応できる基礎的な資質を養う観点から，情報の理解，選択，処理，創造などに必要な能力及びコンピュータ等の情報手段を活用する能力と態度の育成が図られるよう配慮する。なお，その際，情報化のもたらす様々な影響についても配慮する」とし，1989（平成元）年告示の学習指導要領に情報教育が取り入れられた。http://www.mext.go.jp/a_menu/shotou/zyouhou/1259413.htm，（参照2012-07-10）。また，2012年には情報活用能力調査に関する協力者会議が設置され，今後の情報活用能力育成に向けた施策の展開，学習指導の改善，教育課程の検討に役立てるため，児童生徒の「情報活用能力調査」を実施する予定となっている。http://www.mext.go.jp/a_menu/shotou/zyouhou/kaigi/index.htm，（参照2012-07-10）。

けではなく，子どもの生活に関わる機関や施設との幅広い連携が重要である。特に，同一地域内で，同じ子どもたちに複数の機関が連携して支援を行うことは，個々の機関の行う支援を充実させ，また連携による新たな効果を生むことにつながる。連携が行われないときには，読書や学習への支援，保育・幼児教育，体験の機会の提供などが独立して行われるが，連携することによって複合的な支援が可能となり，子どもの生活や発達全体を考えながら活動することができる。

（2）幼稚園・保育所との連携

　乳幼児期の子どもへのサービスは重要であり，その場合保護者への支援も欠かせないが，すべての家庭への支援を図書館が行っていくことは難しい。むしろ乳幼児期の子どもたちが所属する幼稚園や保育所と連携することで，確実に一定のサービスを実施していくことができるといえるだろう。

　幼稚園と保育所はほぼ同じ発達段階の子どもたちが所属しているとはいえ，前者は教育施設，後者は保育施設であり，省庁の管轄も違うだけではなく，子どもたちがその施設で過ごす時間もかなり差がある。幼稚園は，早くから読み聞かせに力を入れているところも多く，教育指導要領もあって教育内容も一定水準を保っているが，幼稚園で過ごす時間は4時間程度と短く，入園時期も3歳前後がほとんどである。それに対し，保育所は保育施設であるために共通した教育カリキュラムはなく，無認可施設もあることなどから，施設ごとの差が大きいが，一日の大半を施設内で過ごす子どもが多く，さらに0～1歳で入所することが一般的であることから，その発達に与える影響は非常に大きいといえる。また，近年は認定子ども園という新しい制度の導入によって全体的に乳幼児が施設で過ごす時間が長くなってもいる。したがって，幼稚園・保育所と連携していくことは，図書館にとってだけではなく，幼稚園・保育所にとっても子どもの精神的な発達を支えていく上で大きな助けになると考えられる。

　課題としては，乳幼児を連れて幼稚園や保育所が図書館に出向くには，よほど距離が近くないと難しいことから，団体貸出や情報提供などのバックアップ

や図書館の方から出向くおはなし会を実施して初めて連携がなりたつケースが少なくないことが挙げられる。

（3）子ども文庫との連携

　子ども文庫は，1950～1960年代を中心に，図書館がまだ整備されていない地域において，個人が子どもたちの読書環境を整えるために開いたものである。大きく分けて個人の自宅の一室などを開放する家庭文庫と公民館など公共施設の一室を借りて実施する地域文庫の2種類がある。この子ども文庫は1965年に出版された〈かつら文庫〉の活動記録である石井桃子の『子どもの図書館』に刺激を受けたこともあり，1970年代には全国に広がっていった。

　この文庫活動は，公共図書館のない地域の子どもたちに読書環境を提供しただけではなく，公共図書館の設立や公共図書館における児童サービスの開始にも尽力した。その代表例が，中川徳子の〈雨の日文庫〉を中心とした松原文庫連絡会である。〈雨の日文庫〉は大阪府立図書館の協力を得て活動する中で，行政への要求として図書館づくり運動を始め，他の文庫と共に松原文庫連絡会を結成した。その要求を受けて松原市が1974年に移動図書館を開始し，その利用の多さは市民の公共図書館に対する需要の多さを証明する結果となった。その結果，1975年には教育委員会の諮問機関として図書館設置計画審議会が設置され，1976年には「松原市の図書館計画について」という答申が出され，図書館設置計画を段階的に策定することが決定された。これは，文庫活動が市民活動として大きな影響を与えた代表的な例といえるであろう。この答申の中で，「すべての市民を考える場合，その要求の強さと，現代社会の課題からとらえて，児童と高齢者，ならびにこれまで利用し難かった身体障害者に対する配慮を優先する必要がある」「分室・分館は，読書案内，予約サービスを含む貸出がその中心的サービスとなるので，閲覧室等の必要はないが，子どものためのおはなし会や行事のための集会室を可能な限り設置すべきである」など，児童サービスの重要性について言及されている。また，文庫活動に対しても，行政側が引き続き財政的・技術的援助をすべきであると述べている。

公共図書館がかなり普及してきた1990年代以降は，当時のような子ども文庫の役割は減り，また文庫自体の数も減ってきているものの子ども文庫は，行政や公共図書館と連携して，おはなし会の実施における支援など，従来とは違う形での役割を果たし始めている。

（4）子どもに関わる諸機関・施設との連携

子どもに関わる機関・施設は数多くあり，すでに保健所とブックスタート活動で連携したり，学校に対する調べ学習支援を実施したりするケースはかなり増えてきている。また，三重県など一部の地域では，博物館との連携をして子どもの学習や文化に対する理解促進の支援をする取組も行われている。博物館の利用は，図書館の利用と同様，平成23（2011）年度から施行の学習指導要領で子どもたちの学習におけるその重要性が言及されており，図書館と博物館の連携は今後の子どもの学習に大きな役割を果たしうると考えられるだろう。

公民館は，図書館や博物館と並び社会教育法のもとに定められた施設であり，地域住民の文化的な活動の拠点となっている。図書館の分室が公民館の中に設置されたり，地域文庫に施設の一画を提供したりするなど，図書館サービスとの関わりも深い。また，近年は小学生の放課後の居場所としての児童館，特に共働き家庭の子どもたちが所属する学童クラブとの複合施設になっているケースも見られ，図書館と連携して子どもたちの学校外での読書や学習を支援する施設として，今後より大きな役割を果たしていく可能性を持っている。

また，公共図書館に行くことのできない子どもたちがいる機関や施設との連携も欠かせない。入院中の子どもは，自ら図書館に出向くことができないため，院内の子ども図書館や公共図書館のアウトリーチサービスが必要である。院内に子ども図書館を設けている病院は，まだ非常に少なく，今後の整備が待たれるところであるが，いくつか先進的なサービスを実施している病院もある。その代表といえるのが，静岡県立こども病院図書室の中にある入院中の子ども向けサービス〈わくわくぶんこ〉である。

1995年に設置された当文庫は，入院中の子どもが親や看護師と一緒に本を借

りに来ることができるようになっており，学校図書館との連携や院内学級でのブックトーク等のサービスが実施されている。このようなサービスは，いくつかの面で本来不可欠であると考えられる。

　第一に，図書館はすべての人に利用できるようサービスを提供するのが基本原則であり，物理的に来館できないという事情がある利用者に対してもサービスを提供する責務を負うからである。第二に，子どもの発達段階において，読書は重要な役割を果たすものであり，入院という事情において，それが阻害されることがあってはならないからである。第三に，入院中の子どもは，苦痛を伴うたいへんな治療に向き合わなければならないことから，それに対する精神的なケアが必要であることや，病気をすると自尊感情が低くなる傾向にあるともいわれていることなどから，入院中であるからこそ，図書館サービスの果たす役割は大きいからである。また，第四に，入院中の子どもを抱えた親は病児の世話に時間の大半を取られるため，兄弟児は寂しい毎日を過ごすことも多く，その子たちの待ち時間の場所としても配慮することが必要だからである。入院中の子どもたちへのサービスは，現在あまり浸透していないものではあるが，今後のいっそうの発展が望まれるサービスである。

　少年院などの更生施設にいる子どもたちへのサービスも，その教育的役割，精神的発達への支援の点から重要である。更生施設における図書館サービスは実態のはっきりわからない面もまだ多いが，施設内の図書館は未整備の状態のケースが極めて多いとされているだけでなく，公共図書館との連携もあまり行われていない実情がある。今までも，以前実施されていた大阪府立・市立図書館と少年院との連携の事例が報告されている程度である。少年院においては，更生のための教育において読書指導が重要な役割を果たすと同時に，他の娯楽が制限されている状態において読書率が極めて高い割合を示すことが，大阪府の事例で報告されていることからも，図書館サービスの充実は少年更生施設において大きな意義があることが認められる。また，公共図書館による少年院支援の事例は1958年にはすでに見られ，1950年前後には「矯正保護図書館規定案」(1949)や「矯正保護図書館基準案」(1953)が策定されたものの法律とし

ては成立には至らなかったことが、すでに明らかになっている。少年院等の更生施設との連携も、公共図書館の今後の大きな課題であるといえるだろう。

（5）図書館ボランティアの役割

近年は、図書館ボランティアの役割が重要視されるようになってきており、ことに読書推進活動や学校図書館では欠かせない存在とされてきている。ここで、留意しておかなければならないのは、図書館ボランティアとは何か、ということであろう。

図書館ボランティア研究会は、図書館ボランティアを住民運動型、生涯学習型、業務委託型の3種に分類している。住民運動型は、市民活動の一環として図書館サービスの向上のために一市民として図書館サービスに参加していくタイプであり、児童サービスに関連していえば、上記の子ども文庫による図書館設立のための市民活動が代表的な例といえる。生涯学習型は、生涯学習社会の中で市民が自分の特技を社会の中で生かす方法の一環として図書館サービスに寄与するものであり、たとえば、絵の得意な人が図書館のポスターづくりに参加することなどが想定される。児童サービスに関連していえば、ストーリーテリングや科学遊びなどを図書館ボランティアが引き受ける例が近年多く見られるようになってきている。

■**地域との連携の事例**　地域連携の方法は現在さまざまな模索が行われており、ここでは、そのうちの一つの事例を紹介する。

生駒市では、2005年に「生駒市子ども読書活動推進計画実践会議」を発足させ、以下の「生駒市子ども読書活動推進計画に基づく実施計画」に沿って、取り組みを行ってきた。

> 生駒市子ども読書活動推進計画に基づく実施計画
> 1．推進体制の確立
> 2．子ども読書活動機運の醸成（普及・啓発）
> 3．学校図書館等（保育園・幼稚園を含む）の活性化
> 4．公共図書館の取り組み

5．地域文庫の活性化
6．ボランティア活動の推進

　具体的な取り組みとしては，一般市民を対象とした講演会・ワークショップ等の啓発活動，2008年度からのブックスタート事業の開始，2009年度から始まった非常勤とはいえ市全体を見据えた学校図書館司書の配置などである。

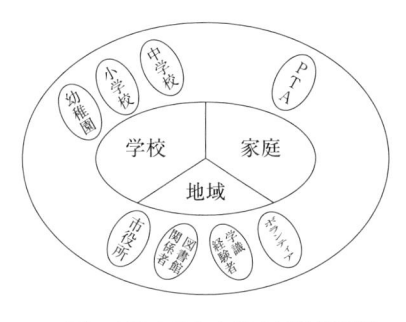

　この地域連携の特徴は，他の自治体にもいくつか事例が見られるが，多様な立場の人が実践会議に参加していることである。図書館協議会メンバー，小学校・中学校の代表，幼稚園・保育所の代表，教育総務課・教育指導課・児童福祉課などの市職員，PTA関係者，文庫・おはなしの会関係者，学識経験者，そして公共図書館司書から構成され，各自が多様な立場かつフラットな関係で協議が行われている（9-1図）。このような構成は，子どもの読書活動だけに限らず，さまざまな図書館サービスを市民のニーズに応える形で充実させていくのに大きな役割を果たしているといえるだろう。

9-1図　生駒市子ども読書活動推進計画実践会議構成図

10章　児童サービスの課題と展望

1．児童サービスの課題

　子どもの読書の支援においては，「適書を適者に適時に」を心がけることが重要である。公共図書館の児童サービスは，子どもが適書に適時に出会う機会を提供し，子どもが将来的に自分で自分の目的にあった本を適切に選び，読書を楽しむことができるように支援していく役割を担っている。本章では，現在のサービスの課題を整理し，特に子どもの読書環境整備の今日的課題に対して今後の児童サービスに期待されることについて述べる。

　本書では，図書館利用者の年齢ごとに，乳幼児サービス（6章），児童サービス（3～5章），ヤングアダルト（YA）サービス（7章）として紹介してきた。本節ではこれらのサービスを総合して，0～18歳までのすべての子どもたちへのサービスという広義の「児童サービス」（児童資料を含む）の課題について述べる。広義の児童サービスに共通する課題としては，次の4点が挙げられる。

　第一に，子どもの図書館利用や読書に関する実態やニーズ，現在の興味関心などを把握し，児童資料の充実，行事の企画，児童サービスや子どもの読書にかかわる情報提供などを充実させていくことである。第二に，子どもの周囲の大人（保護者，保育士，学校の教員など）もサービスの対象に含まれることから，子どもの周囲の大人向けにも児童サービスや子どもの読書にかかわる情報提供を行ったり，家庭，幼稚園・保育所，学校，子どもにかかわる外部機関（9章）との連携を継続したり，さらに発展させていくことである。第三に，子どもや子どもの周囲の大人を対象とした個々のサービス（貸出，行事，地域

との連携)や児童サービスの運営について適切な評価を行うことである。この評価の方法にはいろいろな方法があるが,評価内容や評価方法の組み合わせについて,今後さらに検討していくことが望まれる。第四に,乳幼児サービス,児童サービス,YAサービスの連続性も課題となっている。

個々のサービスの課題として,まず乳幼児サービスでは,赤ちゃんや保護者が図書館を訪れるきっかけとなるブックスタートとの連携や,保護者向けのサービスの充実などが課題である。ブックスタートは地域のすべての赤ちゃんと保護者を対象として,赤ちゃんや保護者が絵本を介してゆっくり心ふれあうひとときをもつきっかけをつくることを目的としているが,選書の際に必ずしも乳児に推薦したい絵本が選ばれているわけではない[1]ことや,絵本を手渡すことができなかった赤ちゃんや保護者への対応や予算確保の問題,フォローアップの実施の問題などがある。また,ブックスタートのフォローアップの内容の検討を含めて,ブックスタートにとどまらない乳幼児サービスのあり方についても検討していく必要がある[2]。

児童サービスでは,いろいろな行事を企画し実施したり,収集する児童資料の検討が行われたりしているが,年齢が上がってくるにつれて参加者が少なくなってくるという状況がある。また,児童サービスには,行事の参加者の個人差が大きく,参加人数も不特定多数のために,参加者のニーズに合った行事を企画することが難しいという課題もある。さらに,現在十分にサービスを提供することができていない子どもたちへのサービスを行っていくことも必要である。このようなサービスの例としては,入院中の子どもや少年院にいる子どもに対するサービス,障がいを持った子ども向けの資料の充実,多文化サービスなどがある。調べ学習や宿題支援などを行うための学校との連携の方法についても今後さらに検討していく必要があるだろう。

YAサービスでは,児童や成人とは異なる成長過程にあるYAを理解し,

1:岩崎れい. "子どもへの読書支援と図書館サービス". Current Awareness Portal. No.293, 2007-09-20, PDF, http://current.ndl.go.jp/files/ca/ca1638.pdf, p.13-20.
2:前掲注1参照。

166 | 10章　児童サービスの課題と展望

YA サービスの位置づけを明確にすることが必要である。上述の乳幼児サービス，児童サービス，YA サービスに共通する四点目の課題では，児童サービスと YA サービスの連続性が挙げられており，今後，YA サービスの位置づけを明確にし，YA のサービス体制を整え，どのように展開していくかを検討することを通して，児童サービスとの連携についても検討していくことが望まれる。さらに，YA 世代の図書館離れも指摘されており，どのように YA 世代に図書館をアピールしていくかということも重要な課題となっている。

2．子どもの読書環境整備についての課題と展望

(1) 子どもの読解力育成

　2003年の PISA 調査の「読解力」の成績の落ち込みを受けて，子どもの読解力の向上が社会的な課題となっている。文部科学省は2005年12月に「読解力向上プログラム」を発表した。その中で PISA 型「読解力」の解釈として，「『読解力』とは，文章や資料から『情報を取り出す』ことに加えて，『解釈』『熟考・評価』『論述』することを含むもの」と定義された[3]。
　2009年の PISA 調査では，読解力の定義が「自らの目標を達成し，自らの知識と可能性を発達させ，効果的に社会に参加するために，書かれたテキストを理解し，利用し，熟考し，これに取り組む能力」となり，左記の下線部が追記された。この読みに取り組む能力とは，読むことに対してモチベーション（動

3：「読解力向上プログラム」[http://www.mext.go.jp/a_menu/shotou/gakuryoku/siryo/05122201/014/005.htm，（参照2012-09-05）．] では，PISA 型読解力について「以下のような特徴を有している」と紹介されている。①テキストに書かれた「情報の取り出し」だけはなく，「理解・評価」（解釈・熟考）も含んでいること。／②テキストを単に「読む」だけではなく，テキストを利用したり，テキストに基づいて自分の意見を論じたりするなどの「活用」も含んでいること。／③テキストの「内容」だけではなく，構造・形式や表現法も，評価すべき対象となること。／④テキストには，文学的文章や説明的文章などの「連続型テキスト」だけでなく，図，グラフ，表などの「非連続型テキスト」を含んでいること。

機づけ）があり，読書に対する興味・関心があり，読書を楽しみと感じており，読む内容を精査したり，読書の社会的な側面に関わったり，読書を多面的にまた頻繁に行っているなどの情緒的，行動的特性を指している。

　この2009年のPISA調査における読解力の定義の追記に見られるように，子どもたちの読書への動機付け，読書への興味・関心，読書への楽しみを高めることや，さまざまなジャンルの本を紹介することは，公共図書館の児童サービス担当者ができる部分であると期待される。

（２）地域の読書環境の整備

　公共図書館の児童サービスは，子どもの読書環境を整えるもっとも基本的なサービスとして重要である。この環境を具体的にどのように作っていくかが課題である。子どもの読書活動の推進に関する基本的な計画（第二次基本計画）では，地域における取り組みとして，子どもの読書環境の地域格差の改善，公立図書館の情報化の推進，公立図書館にかかわる人材の養成（２章）が重要であると述べられている[4]。

ａ．地域の読書環境の改善

　子どもの読書環境の地域格差とは，市町村推進計画の策定状況や，公共図書館の設置率，小学校一校あたりの図書購入費のことである。子どもたちは身近にある図書の中から読む本を選ぶことが多いため，公共図書館が身近にない場合は，移動図書館を活用すること[5]や，地域連携によって保育所・幼稚園や学校図書館の読書環境を充実させることなどが必要である（８章，９章）。公共図書館は，すべての子どもたちを利用対象としているが，上述のように家から

4：文部科学省．"子どもの読書活動の推進に関する基本的な計画"．http://warp.ndl.go.jp/info:ndljp/pid/286794/www.mext.go.jp/b_menu/houdou/20/03/08031005/001.htm,（参照2012-05-07）．
5：文部科学省．"第５章　子どもの読書活動推進のための方策"．国立国会図書館インターネット資料収集保存事業（ウェブサイト別）．http://warp.ndl.go.jp/info:ndljp/pid/286794/www.mext.go.jp/b_menu/houdou/20/03/08031005/001/005.htm,（参照2012-09-05）．

図書館が遠かったり，放課後に塾や習い事で子ども自身が忙しかったりなど，すべての子どもたちが図書館を利用する（できる）わけではない。これに対し，学校図書館や幼稚園・保育所の図書室は，子どもたちが行こうと思えばすぐに行くことができる図書館であり，公共図書館がこうした図書館・図書室と連携（ブックスタート事業，学校への支援など）していくことは，すべての子どもたちの読書環境を向上させることにつながる。

また，学校図書館との連携については，学習指導要領の改訂に伴う「総合的な学習の時間」の新設により，学校で多様な使用が必要になっているにもかかわらず，資料が十分でないことや，専門的な知識・経験をもつ人や予算の問題などが挙げられている。こうした学校図書館の状況を踏まえて，公共図書館ができることとして，学校図書館や教員のニーズに応えることができるような資料の整備，司書教諭や教科教員との連携・協働などが挙げられる（8章）。

このように，図書館内外で利用される公共図書館の児童資料については，より一層充実させていくことが課題である。公共図書館には予算や場所の制約があるが，子どもに適書を紹介する上では，幅広いジャンルの良書をそろえておく必要がある。障がいを持った子ども向けの資料の充実（5章）や，調べ学習の機会の増加に対応した，科学の本・絵本，図鑑，年鑑といった図書資料の充実（8章）[6]も望まれる。

b．情報化の促進

公共図書館の児童サービスの情報化への対応の一つに，児童のための Web サイトの開設がある。公共図書館の Web ページ自体はあっても，子どもを対象とした Web ページを開設していない図書館は少なくなく，開設している場合でも掲載情報には課題がある。児童のための Web ページを開設している日

6：特に，2003年の PISA 調査の影響を受けて，平成20(2008)年度に改訂された新しい学習指導要領には，言語技術教育重視の傾向が見られる。平成20年度告示の新しい小学校学習指導要領では，図書館活用の記述として「索引を活用して検索」といった，具体的な記述が追加された。目次や索引がある本とは，「調べるための本」を指している。小学校だけでなく，中学校，高等学校においても調べ学習の機会が増えてきている。

本と米国の公共図書館のWebサイトの分析の結果[7]、日本の公共図書館の児童のためのWebページでは、以下の四つのコンテンツのうち、インフォメーション・ツール・コンテンツはほぼすべての図書館で掲載されており、レファレンス・ツール・コンテンツは7割弱の図書館で掲載されていた。一方、インストラクショナル・ツール・コンテンツやリサーチ・ツール・コンテンツの掲載は少なく、さらなる情報提供の充実が課題である。

①インフォメーション・ツール・コンテンツ……児童や児童の周囲の大人（保護者、保育士、教員など）に、公共図書館の児童サービスに関する情報を提供する（利用案内、利用規則、児童サービスに関する最新のニュース、行事、ブックリストやブックトークなど）。

②レファレンス・ツール・コンテンツ……児童のためのWeb版OPAC、インターネット上のレファレンス資料や情報源（他機関へのリンク）、それらの活用方法に関する情報などを提供する。

③インストラクショナル・ツール・コンテンツ……児童の情報活用能力の育成支援をめざすとともに、各教科の学習を支援する（調べ学習などのテーマごとのリンク集、図書館利用教育に関することなど）。

④リサーチ・ツール・コンテンツ……児童の周囲の大人（保護者、保育士、教員など）を対象として、児童サービス、子どもの読書・資料、子どものための情報源についての理解を深めるために情報を提供する。

c．人材の育成

日本の児童サービスの専門性の養成については多くの課題がある。司書課程における児童サービス関係の科目は「児童サービス論」[8] 1科目のみであり、児童サービス、児童書、子どもの発達や心理、子どもの読書や学習を支援する技術などをすべて学ぶのは難しい。また、「児童サービス論」の科目で学ぶべき内容の多くは、研究成果からの蓄積・醸成というよりは、日本の図書館現場

7：金沢みどり、丸山有紀子、元木章博．児童の情報活用能力の育成支援に関するアメリカ合衆国の公共図書館Webページの現状とその分析．教育情報研究．2010, no.25, vol.4, p.3-13.

の経験に大きく依拠している。さらに,「児童サービス論」では児童資料や児童サービスの内容をそれぞれ別に学ぶことが多く,実践的な資料の活用に課題があった。児童サービスの現場でより実践的な資料の活用を行うためには,本書のように児童資料とサービスを一緒に学んでいくことが有用であろう。

　米国ではより内容の充実した養成が行われている大学も少なくないが,このように,日本では図書館司書として就職してからの児童図書館員研修はあるものの,大学における養成は十分とはいえない。また,児童図書館員養成が専門分化されていないために,一般的な司書課程の内容では,子どもに関する教育学領域の知識が不十分となり,一方で,より児童サービスの専門性を高めたい志望者には十分な教育の機会が存在しない。児童図書館職員を対象とした研修も今後の課題である。国際子ども図書館が実施した調査[9]によれば,児童サービス担当者の初級向けの研修では,児童資料論や児童サービスの実演を伴う科目が共通しているものの,中上級向けの研修ではどのような内容をより深く扱うかというモデルは存在していない。子どもの読書の支援において,「適書を適者に適時に」届けるために必要な知識とスキルを身につけるために,より体系的な研修内容の検討が望まれる。

8：日本の近代図書館制度の中では,独立した児童図書館員の養成が行われたことはなく,児童図書館やその資料について明確詳細に定めた法的根拠も存在しない。1950年の図書館法施行規則で定められた図書館司書養成のための履修科目には「児童に対する図書館奉仕」1単位が定められてはいたが,その後1968年の同規則改正により前述の1単位は「図書館活動」に吸収される形で消滅し,「青少年の読書と資料」1単位が選択科目として追加された。これにより実質的には児童および児童資料・児童へのサービスの知識が無くとも司書資格を取得することが可能となった。その後1996年の施行規則の改正をもって「児童サービス論」1単位が新しく誕生し,さらに2009年の改正によって2単位の科目となった。

9：国立国会図書館国際子ども図書館編．"児童サービス研修のいまとこれから"．国立国会図書館国際子ども図書館．2011-09-30．(国際子ども図書館調査研究シリーズ,1),PDF, http://www.kodomo.go.jp/info/series/pdf/2011-series-full.pdf, (参照 2012-05-07)．

参考文献
(より進んだ勉強のために)

第1章
秋田喜代美．読書の発達過程：読書に関わる認知的要因・社会的要因の心理学的検討．風間書房，1997，262p．

国立国会図書館．"図書館研究リポートNo.10　子どもの情報行動に関する調査研究"．Current Awareness Portal. 2008-08-05. http://current.ndl.go.jp/files/report/no10/lis_rr_10.pdf，（参照2012-10-17）．

佐々木宏子．絵本の心理学：子どもの心を理解するために．新曜社，2000，289p．

第2章
アレック・エリス；古賀節子監訳．イギリス青少年サービスの展開：1830-1970．日本図書館協会，1991，322p．

日比谷図書館．市立圖書館と其事業．日比谷図書館，1921-1939，復刻版2005，（東京市立図書館報）．

国際図書館連盟児童・ヤングアダルト図書館分科会編；日本図書館協会児童青少年委員会訳．IFLA乳幼児への図書館サービスガイドライン．日本図書館協会，2009，42p．

リリアン・H・スミス；石井桃子，瀬田貞二，渡辺茂男訳．児童文学論．岩波書店，1964，399p．

マーガレット・ミーク；こだまともこ訳．読む力を育てる-マーガレット・ミークの読書教育論．柏書房，2003，382p．

日本図書館協会．市民の図書館．日本図書館協会，1970，151p．

汐﨑順子．児童サービスの歴史：戦後日本の公立図書館における児童サービスの発展．大阪，創元社，2007，213p．

第3章
p.36，37，39，41-43脚注参照。

第4章
河井弘志．アメリカにおける図書選択論の学説史的研究．日本図書館協会，1987，483p．

河井弘志編．蔵書構成と図書選択．新版，日本図書館協会，1992，283p，（図書館員選書，4）．

日本図書館情報学会研究委員会編．図書館情報専門職のあり方とその養成．勉誠出版，2006，250p，（図書館情報学のフロンティア，no.6）．

日本図書館協会．図書館評価のためのチェックリスト．改訂版，日本図書館協会，2004，

17p.
日本図書館協会編. 海外図書館員の専門職制度調査報告書. 日本図書館協会, 1994, 50p.
日本図書館協会編.「図書館における自己点検・評価等のあり方に関する調査研究」報告書. 日本図書館協会, 2004, 146p.

第5章
参考文献として, 読書活動に関する文献と児童資料選定目録を紹介する.

〈読書活動に関する文献〉
マリア・モンセラット・サルト；宇野和美訳；カルメン・オンドサバル, 新田恵子監修. 読書へのアニマシオン：75の作戦. 柏書房, 2001, 317p.
松居直. 絵本のよろこび. 日本放送出版協会, 2003, 253p.
松岡享子. 昔話絵本を考える. 新装版, 日本エディタースクール出版部, 2002, 136p.
小澤俊夫. 昔話とは何か. 改訂. 小澤昔ばなし研究所, 2009, 270p.
滝川洋二編. 理科読をはじめよう：子どものふしぎ心を育てる12のカギ. 岩波書店, 2010, 178p.

〈児童資料選定目録〉
教文館子どもの本のみせナルニア国編. 2008年に出た子どもの本. 教文館, 2008.
教文館子どもの本のみせナルニア国編. 2009年に出た子どもの本. 教文館, 2009, 127p.
教文館子どもの本のみせナルニア国編. 2010年に出た子どもの本. 教文館, 2010, 131p.
教文館子どもの本のみせナルニア国編. 2011年に出た子どもの本. 教文館, 2011, 139p.
日本図書館協会児童青少年委員会児童基本蔵書目録小委員会編. 図書館でそろえたいこどもの本・えほん. 日本図書館協会, 1990, 85p.
日本図書館協会児童青少年委員会児童基本蔵書目録小委員会編. 図書館でそろえたいこどもの本：2（文学）. 日本図書館協会, 1994, 222p.
日本図書館協会児童青少年委員会児童基本蔵書目録小委員会編. 図書館でそろえたいこどもの本：3（ノンフィクション）. 日本図書館協会, 1997, 188p.
西村寿雄. 大人も読んで楽しい科学読み物90冊. 近代文芸社, 2009, 249p.
東京子ども図書館編. 私たちの選んだ子どもの本. 東京子ども図書館, 1991, 246p.
東京子ども図書館編. 子どもの本のリスト：「こどもとしょかん」新刊あんない1990～2001セレクション. 東京子ども図書館, 2004, 211p.
東京子ども図書館編. 絵本の庭へ. 東京子ども図書館, 2012, 397p.（児童図書館基本蔵書目録, 1）.
全国学校図書館協議会基本図書目録編集委員会編. 学校図書館基本図書目録 2010.10～2011.12. 全国学校図書館協議会, 2012, 271p.

第6章

松居直. 絵本のよろこび. 日本放送出版協会, 2003, 253p.
NPOブックスタート編著. 赤ちゃんと絵本をひらいたら：ブックスタートはじまりの10年. 岩波書店, 2010, 228p.
佐々木宏子. 絵本は赤ちゃんから. 新曜社, 2006, 243p.
内田伸子編. よくわかる乳幼児心理学. 京都, ミネルヴァ書房, 2008, 204p.

第7章

国立国会図書館国際子ども図書館編. 平成21年度国際子ども図書館児童文学連続講座講義録いつ, 何と出会うか：赤ちゃん絵本からヤングアダルト文学まで. 国立国会図書館国際子ども図書館, 2009, 3-114p.
日外アソシエーツ株式会社編. ヤングアダルトの本：1（中高生の悩みにこたえる5000冊）. 日外アソシエーツ, 2008, 474p.
日外アソシエーツ株式会社編. ヤングアダルトの本：2（社会との関わりを考える5000冊）. 日外アソシエーツ, 2008, 488p.
日外アソシエーツ株式会社編. ヤングアダルトの本：3（読んでみたい物語5000冊）. 日外アソシエーツ, 2008, 499p.
日外アソシエーツ株式会社編. ヤングアダルトの本：職業・仕事への理解を深め4000冊. 日外アソシエーツ, 2011, 413p.
ルネ・J. ヴィランコート, アメリカ図書館協会公共図書館部会・ヤングアダルト図書館サービス部会；井上靖代訳. ヤングアダルト・サービスの秘訣：公共図書館ジェネラリストへのヒント. 日本図書館協会, 2004, 191p.

第8章

児童図書館研究会編. 年報こどもの図書館：2007年版. 日本図書館協会, 2008, 454p.
文部科学省. 読解力向上に関する指導資料：PISA調査（読解力）の結果分析と改善の方向. 文部科学省, 2005, 102p.
全国学校図書館協議会編. 学校図書館・司書教諭講習資料. 第7版, 全国学校図書館協議会, 2012, 274p.

第9章

石井桃子. 子どもの図書館. 岩波書店, 1965, 218p, （岩波新書）.
国立国会図書館関西館図書館協力課編. 子どもの情報行動に関する調査研究. 京都, 国立国会図書館関西館図書館協力課, 2008, 169p, （図書館調査研究レポート, no.10）.
スポーツ・青少年局参事官（青少年健全育成担当）. "絵本で子育てを楽しく". 文部科学省. 2011, http://www.kodomodokusyo.go.jp/yomikikase/pdf/fullset.pdf, （参照2012-10-17）.

東京子ども図書館編．かつら文庫の50年：記念行事報告：石井桃子さんがはじめた小さな子ども図書室．東京子ども図書館，2008，87p，（別冊こどもとしょかん）．
図書館ボランティア研究会編．図書館ボランティア．丸善，2000，236p．

第10章
秋田喜代美，黒木秀子編．本を通して絆をつむぐ：児童期の暮らしを創る読書環境．京都，北大路書房，2006，250p，（読書コミュニティのデザイン）．
国立国会図書館国際子ども図書館．"児童サービス・学校関係者の方へ（子どもと本をつなぐ人のページ）"．国立国会図書館国際子ども図書館．http://www.kodomo.go.jp/general/menu4.html，（参照2012-10-17）．
日本図書館協会図書館政策委員会「子どもの読書推進」特別検討チーム編著．子どもの読書環境整備のためのチェック項目．日本図書館協会，2005，46p．

[資料1] 子どもの読書活動の推進に関する法律

(平成13.12.12 法律第154号)

(目的)
第1条 この法律は，子どもの読書活動の推進に関し，基本理念を定め，並びに国及び地方公共団体の責務等を明らかにするとともに，子どもの読書活動の推進に関する必要な事項を定めることにより，子どもの読書活動の推進に関する施策を総合的かつ計画的に推進し，もって子どもの健やかな成長に資することを目的とする。

(基本理念)
第2条 子ども（おおむね18歳以下の者をいう。以下同じ。）の読書活動は，子どもが，言葉を学び，感性を磨き，表現力を高め，創造力を豊かなものにし，人生をより深く生きる力を身に付けていく上で欠くことのできないものであることにかんがみ，すべての子どもがあらゆる機会とあらゆる場所において自主的に読書活動を行うことができるよう，積極的にそのための環境の整備が推進されなければならない。

(国の責務)
第3条 国は，前条の基本理念（以下「基本理念」という。）にのっとり，子どもの読書活動の推進に関する施策を総合的に策定し，及び実施する責務を有する。

(地方公共団体の責務)
第4条 地方公共団体は，基本理念にのっとり，国との連携を図りつつ，その地域の実情を踏まえ，子どもの読書活動の推進に関する施策を策定し，及び実施する責務を有する。

(事業者の努力)
第5条 事業者は，その事業活動を行うに当たっては，基本理念にのっとり，子どもの読書活動が推進されるよう，子どもの健やかな成長に資する書籍等の提供に努めるものとする。

(保護者の役割)
第6条 父母その他の保護者は，子どもの読書活動の機会の充実及び読書活動の習慣化に積極的な役割を果たすものとする。

(関係機関等との連携強化)
第7条 国及び地方公共団体は，子どもの読書活動の推進に関する施策が円滑に実施されるよう，学校，図書館その他の関係機関及び民間団体との連携の強化その他必要な体制の整備に努めるものとする。

(子ども読書活動推進基本計画)
第8条 政府は，子どもの読書活動の推進に関する施策の総合的かつ計画的な推進を図るため，子どもの読書活動の推進に関する基本的な計画（以下「子ども読書活動推進基本計画」という。）を策定しなければならない。

② 政府は，子ども読書活動推進基本計画を策定したときは，遅滞なく，これを国会に報告するとともに，公表しなければならない。

③ 前項の規定は，子ども読書活動推進基本計画の変更について準用する。

(都道府県子ども読書活動推進計画等)
第9条 都道府県は，子ども読書活動推進基本計画を基本とするとともに，当該都道府県における子どもの読書活動の推進の状況等を踏まえ，当該都道府県における子どもの読書活動の推進に関する施策についての計画（以下「都道府県子ども読書活動推進計画」という。）を策定するよう努めなければならない。

② 市町村は，子ども読書活動推進基本計画（都道府県子ども読書活動推進計画が策定されているときは，子ども読書活動推進基本計画及び都道府県子ども読書活動推進計画）を基本とするとともに，当該市町村における子どもの読書活動の推進の状況等を踏まえ，当該市町村における子どもの読書

活動の推進に関する施策についての計画（以下「市町村子ども読書活動推進計画」という。）を策定するよう努めなければならない。
③　都道府県又は市町村は，都道府県子ども読書活動推進計画又は市町村子ども読書活動推進計画を策定したときは，これを公表しなければならない。
④　前項の規定は，都道府県子ども読書活動推進計画又は市町村子ども読書活動推進計画の変更について準用する。
(子ども読書の日)
第10条　国民の間に広く子どもの読書活動についての関心と理解を深めるとともに，子どもが積極的に読書活動を行う意欲を高めるため，子ども読書の日を設ける。
②　子ども読書の日は，4月23日とする。
③　国及び地方公共団体は，子ども読書の日の趣旨にふさわしい事業を実施するよう努めなければならない。
(財政上の措置等)
第11条　国及び地方公共団体は，子どもの読書活動の推進に関する施策を実施するため必要な財政上の措置その他の措置を講ずるよう努めるものとする。

附　則

この法律は，公布の日から施行する。

[資料２]　　　　ユネスコ公共図書館宣言　1994年
UNESCO Public Library Manifesto 1994
1994年11月採択　原文：英語

　社会と個人の自由，繁栄および発展は人間にとっての基本的価値である。このことは，十分に情報を得ている市民が，その民主的権利を行使し，社会において積極的な役割を果たす能力によって，はじめて達成される。建設的に参加して民主主義を発展させることは，十分な教育が受けられ，知識，思想，文化および情報に自由かつ無制限に接し得ることにかかっている。

　地域において知識を得る窓口である公共図書館は，個人および社会集団の生涯学習，独自の意思決定および文化的発展のための基本的条件を提供する。

　この宣言は，公共図書館が教育，文化，情報の活力であり，男女の心の中に平和と精神的な幸福を育成するための必須の機関である，というユネスコの信念を表明するものである。

　したがって，ユネスコは国および地方の政府が公共図書館の発展を支援し，かつ積極的に関与することを奨励する。

公共図書館

　公共図書館は，その利用者があらゆる種類の知識と情報をたやすく入手できるようにする，地域の情報センターである。

　公共図書館のサービスは，年齢，人種，性別，宗教，国籍，言語，あるいは社会的身分を問わず，すべての人が平等に利用できるという原則に基づいて提供される。理由は何であれ，通常のサービスや資料の利用ができない人々，たとえば言語上の少数グループ（マイノリティ），障害者，あるいは入院患者や受刑者に対しては，特別なサービスと資料が提供されなければならない。

　いかなる年齢層の人々もその要求に応じた資料を見つけ出せなければならない。蔵書とサービスには，伝統的な資料とともに，あらゆる種類の適切なメディアと現代技術が含まれていなければならない。質の高い，地域の要求や状況に対応できるものであることが基本的要件である。資料には，人間の努力と想像の記憶とともに，現今の傾向や社会の進展が反映されていなければならない。

　蔵書およびサービスは，いかなる種類の思想的，政治的，あるいは宗教的な検閲にも，また商業的な圧力にも屈してはならない。

公共図書館の使命

情報，識字，教育および文化に関連した以下の基本的使命を公共図書館サービスの核にしなければならない。

1．幼い時期から子供たちの読書習慣を育成し，それを強化する。
2．あらゆる段階での正規の教育とともに，個人的および自主的な教育を支援する。
3．個人の創造的な発展のための機会を提供する。
4．青少年の想像力と創造性に刺激を与える。
5．文化遺産の認識，芸術，科学的な業績や革新についての理解を促進する。
6．あらゆる公演芸術の文化的表現に接しうるようにする。
7．異文化間の交流を助長し，多様な文化が存立できるようにする。
8．口述による伝承を援助する。
9．市民がいかなる種類の地域情報をも入手できるようにする。
10．地域の企業，協会および利益団体に対して適切な情報サービスを行う。
11．容易に情報を検索し，コンピューターを駆使できるような技能の発達を促す。
12．あらゆる年齢層の人々のための識字活動とその計画を援助し，かつ，それに参加し，必要があれば，こうした活動を発足させる。

財政，法令，ネットワーク

◆ 公共図書館は原則として無料とし，地方および国の行政機関が責任を持つものとする。それは特定の法令によって維持され，国および地方自治体により経費が調達されなければならない。公共図書館は，文化，情報提供，識字および教育のためのいかなる長期政策においても，主要な構成要素でなければならない。

◆ 図書館の全国的な調整および協力を確実にするため，合意された基準に基づく全国的な図書館ネットワークが，法令および政策によって規定され，かつ推進されなければならない。

◆ 公共図書館ネットワークは，学校図書館や大学図書館だけでなく，国立図書館，地域の図書館，学術研究図書館および専門図書館とも関連して計画されなければならない。

運営と管理

◆ 地域社会の要求に対応して，目標，優先順位およびサービス内容を定めた明確な方針が策定されなければならない。公共図書館は効果的に組織され，専門的な基準によって運営されなければならない。

◆　関連のある協力者，たとえば利用者グループおよびその他の専門職との地方，地域，全国および国際的な段階での協力が確保されなければならない。

◆　地域社会のすべての人々がサービスを実際に利用できなければならない。それには適切な場所につくられた図書館の建物，読書および勉学のための良好な施設とともに，相応な技術の駆使と利用者に都合のよい十分な開館時間の設定が必要である。同様に図書館に来られない利用者に対するアウトリーチ・サービスも必要である。

◆　図書館サービスは，農村や都会地といった異なる地域社会の要求に対応させなければならない。

◆　図書館員は利用者と資料源との積極的な仲介者である。適切なサービスを確実に行うために，図書館員の専門教育と継続教育は欠くことができない。

◆　利用者がすべての資料源から利益を得ることができるように，アウトリーチおよび利用者教育の計画が実施されなければならない。

宣言の履行

　国および地方自治体の政策決定者，ならびに全世界の図書館界が，この宣言に表明された諸原則を履行することを，ここに強く要請する。

＊　　＊　　＊

この宣言は，国際図書館連盟（IFLA）の協力のもとに起草された。

＊この宣言の訳出にあたっては，長倉美恵子氏（東京学芸大学教授）
の翻訳原稿をもとに，JLA 国際交流委員会の意見を反映させた。
（『図書館雑誌』vol.89, no.4, p.245-255 より）

[資料3] 大阪府立夕陽丘図書館　児童書資料(作品類)選択基準

昭和51年9月16日　制定
改正　昭和56年4月24日

　大阪府立夕陽丘図書館資料収集方針にもとづき，児童書資料選択基準を次のとおり定める。

I　児童室用資料
　児童室での直接サービスのために，幼児，児童の知識や経験，そして感情を豊かにし得る資料を選択する。

1　絵本
　　留意事項
　　・絵がストーリーを語っているか。
　　・絵と文が一体化しているか。
　　・絵およびストーリーが幼児・児童にふさわしいものであるか。
　　・絵が見るものに訴えかけるものをもっているか。
　　・リズミカルでわかりやすいことばを用いているか。
　　・絵・写真などの構図がはっきりしているか。
　　・活字の大きさは読みやすいか。
2　昔話・民話・伝説
　　留意事項
　　・原話の持ち味を生かして再話しているか。
　　・原話の背景となっているそれぞれの国や民族の文化を伝えているか。
　　・昔話は語り口など形式をふまえたものか。
3　童謡・詩
　　留意事項
　　・創造性に富み，児童の詩的感性に訴えるものか。
　　・児童自身が，詩のことばを楽しみ，自らのことばで詩的世界を拡げられるものか。
4　歴史・地理・社会
　　留意事項
　　・記述・写真・図表は，正確でその典拠は明示されているか。
　　・歴史的事実に対してどのような観点で記述しているか。
　　・年表・索引などに工夫がみられ，使いやすいか。

- ・専門家によって書かれたものか。
- ・郷土資料については，成人用図書の中から児童が読みとれるものを選択する。

5 　伝記

　留意事項
- ・被伝者の生活の全面が，欠点をも含めて，人間的に描かれているか。
- ・生涯史となっているか。
- ・被伝者の行動等が，歴史的・社会的背景の中で描かれているか。
- ・記述は，正確か，また文献等による考証はされているか。

6 　科学読物

　留意事項
- ・事実を正確にとらえているか。
- ・結果だけでなく，その過程や考え方を重視しているか。
- ・専門用語の解説はあるか。
- ・科学者によって書かれたものか。
- ・写真・図版・グラフ・表などは，明瞭な色彩・内容で児童の理解を助けるものであるか。

7 　童話・児童文学

　留意事項
- ・創造性・文学性に富んだ作品で，読みやすい文体のものであるか。
- ・作品中の人物は生き生きと描かれ，その行動は児童の共感を得るものであるか。
- ・古典として，既に評価を受けているものについては，原文に忠実であるか。また原著についての解説が付されているか。
- ・翻訳作品については，原文の意味を正確に伝え，日本語として原文の持ち味が損なわれることなく表現されているか。

8 　記録・ルポルタージュ

　留意事項
- ・事実とその背景を正しくとらえているか。
- ・文学性に富むものか。

9 　趣味・実用書

　留意事項
- ・写真・図版は正確で，解説はわかりやすいか。
- ・安全のための注意が払われているか。
- ・児童書として出版されていない分野については，成人図書の中から児童が読みとれるものを選択する。

10 　基本参考図書

　留意事項

- ・児童の学習に必要な項目が充分に用意されているか。また項目の編集は内容に適しているか。
- ・目次・索引は工夫され使いやすいか。
- ・記述・写真・図表は正確で，その典拠やデータなどが明示されているか。
- ・改訂・増補が適切になされているか。
- ・分野によっては，成人図書の中から児童が読みとれるものを選択する。

11　紙芝居

留意事項
- ・幼児や児童が本を読むことの楽しさを集団で体験できる内容であるか。
- ・線と色彩のはっきりした絵で，ドラマチックな展開がみられるか。
- ・その他は，絵本の留意事項に準ずる。

12　マンガ

留意事項
- ・マンガでしか味わえない独自の世界を表現しているか。
- ・児童にユーモアや楽しさを与えるものであるか。
- ・絵およびストーリーは，児童に適した内容か。
- ・ことばは，正しく用いられているか。
- ・作品中の人物の行動は，児童の共感を得るものであるか。
- ・特定の民族や国民，あるいは職業について偏った描き方をしていないか。
- ・学習マンガについては，それぞれの主題について，類書と比較して優れているか。

Ⅱ　研究用資料

1　研究用児童書

　児童室の排架対象とならない中高生向きの図書，および前号Ⅰ児童室用資料の選択基準からはずれるものであっても，一般に児童書と見なされ研究資料として必要と認められるものは，これを選択する。

2　全集・双書類

　研究資料として必要と認められる全集・双書類（含・個人全集）は，これを選択する。

3　復刻本

　資料的価値が高く，その原本を所蔵していない場合は，これを選択する。

4　外国図書（含絵本）

　資料的価値が高く，児童書研究に必要と認められるもの，特に各種絵本賞・児童文学賞受賞作品については選択に留意する。

5　マンガ

　児童文化の研究資料として，必要と認められる範囲において，これを選択する。

6　その他

　　新聞・雑誌などのうち，児童文化に深く関わりがあり，研究上必要と認められるものは，これを選択する。

Ⅲ　一般的留意事項
1　著者（訳者・編者・監修者）
　　・過去に評価を受けた著作があるか。それらと比較しての評価はどうか。
　　・新しい著者の場合，児童書に対する創作姿勢はどうか。
2　出版社
　　・過去に児童書を出版しているか，またはそれらは評価されているか。
　　・児童書出版に対する姿勢はどうか。
3　表現
　　・児童の発展段階に適した表現か。
　　・漢字・かな使いが適正になされているか。
4　形態
　　・装丁が優れており，大きさも適当であるか。また内容にふさわしい装丁か。
　　・造本は耐久性があるか。
　　・印刷は鮮明で，活字の大きさ，行間の余白は適当であるか。
5　その他
　　・選択にあたっては，児童書研究者の発表したブックリストを参考にするとともに，他の書評紙誌等の評価も参考にする。
　　・新刊書のみに止まらず，児童書としての基本的図書が欠けることがないよう選択に留意する。

注：

　昭和49年4月，「大阪府立夕陽丘図書館」開館。

　昭和50年7月，同館内に児童室開室。

　児童サービスの実践とともに，市町村図書館等への支援を行い，府域の子どもの読書活動を推進する活動を展開。

　平成8年5月，「大阪府立中央図書館」の開館に伴い，夕陽丘図書館は廃止，その資料と機能は，中央図書館へ引き継がれた。

（資料提供：大阪府立中央図書館）

［資料４］　大阪市立中央図書館　資料収集方針（抜粋）

ヤングコーナー

ヤング向けの音楽，映画，演劇やスポーツに関する図書などを中心に，全分野にわたって分かりやすく表現された図書などを収集する。ヤングを児童から成人への成長過程ととらえ，ヤング対象の資料だけでなく児童図書から成人用図書まで，幅広い収集を考慮する。

ア　収集する資料
（ア）一般図書
　a　各主題にわたり，ヤングの関心の高い分野の資料を積極的に収集する。
　b　ヤングの関心を深め，新しい興味の分野を切り開き，知性と感性を豊かにする資料の収集に努める。
（イ）児童図書・絵本
　ヤングが楽しめる内容のものを収集する。外国絵本も含む。
（ウ）漫画
　ヤングが楽しめる内容のものを収集する。
（エ）雑誌・新聞等
　ヤングに関心の高いものを備えるとともに，ヤング対象のミニコミ誌の収集にも努める。
イ　収集上の留意点
　全集は原則として収集しない。ただし，ヤングに的を絞ったものは収集する。

（資料提供：大阪市立中央図書館）

[資料5] 倉吉市立図書館　ヤングアダルト資料選定基準

　ヤングアダルトとは，青少年中期，特に中学生，高校生を中心とした世代を指すものとする。この世代に，児童から成人への橋わたしをする独立したサービスを心がけ，利用者のニーズを正確に把握すると同時に，読書習慣の形成と継続に役立ち，広い視野と豊かな感性を育てるよう，資料の収集に努める。

・特に分野を指定することなく，ヤングアダルト世代の求める資料や利用が見込まれる資料を収集する。
・実用書では，多岐にわたる興味の枝を伸ばすことを目的とし，時代に沿った新鮮な内容で，本の作り手から工夫や意思が感じられる資料を収集する。
・職業選択の手助けとなるような，職業ガイドや学校ガイドなどは情報の新鮮さも考慮に入れながら収集する。
・文学は，現代の感性を活かした奥行きのある詩や小説を中心に収集する。古典は，読み継がれる作品を中心に収集する。
・成長段階に応じた様々な課題や興味に応えられるよう，青少年向けの資料に限らず幅広く収集する。
・学習参考書及び問題集，有害指定図書，漫画（当館の選定基準に馴染まないもの）は収集しない。
・上記の内容を考慮に入れ，一般書の選定基準に準じて収集する。

（資料提供：倉吉市立図書館）

[資料６]　　　　ブックスタート　赤ちゃん絵本20冊

　ブックスタートで親子に手渡される絵本は，各実施自治体で決められます。ＮＰＯブックスタートは，その候補となる20冊の絵本を2年に一度選考し，出版界からの非営利の協力を得て，自治体に廉価で提供しています。選考は，赤ちゃんや絵本に関する知識と経験が豊富な選考委員（乳幼児発達の専門家，司書，保育士など）による独立した中立的な「絵本選考会議」で行われ，ＮＰＯブックスタートや出版社の意向が反映されることはありません。
　また，多くの自治体では絵本リストを作成し，絵本と一緒に手渡すことで，他にもたくさんの楽しい絵本があることを伝えています。

選考基準
　赤ちゃんが保護者と豊かな言葉を交わしながら楽しい時間を過ごすことで，心健やかに成長することを応援する絵本
　上記に関し，年月を経て赤ちゃんから支持され続けてきた絵本
　上記に関し，今後，赤ちゃんからその支持を受ける可能性が高い絵本

2012・2013年度

「あっ！」
文／中川ひろたか
絵／柳原良平
金の星社

「いない いない ばあ」
文／松谷みよ子
絵／瀬川康男
童心社

「おつきさま　こんばんは」
作／林明子
福音館書店

「おやすみ」
作／中川李枝子
絵／山脇百合子
グランまま社

ブックスタート　赤ちゃん絵本20冊　｜　187

「がたん ごとん
　　がたん ごとん」
作／安西水丸
福音館書店

「くだもの」
作／平山和子
福音館書店

「くっついた」
作・絵／三浦太郎
こぐま社

「ごぶごぶ ごぼごぼ」
作／駒形克己
福音館書店

「したく」
作／ヘレン・オクセン
　　バリー
文化出版局

「じゃあじゃあ
　びりびり」
作・絵／まついのりこ
偕成社

「しろくまちゃんの
　ほっとけーき」
作／森比左志・
　　わだよしおみ・
　　若山憲
こぐま社

「だっだぁー」
作／ナムーラミチヨ
主婦の友社

「だれかしら」
作／多田ヒロシ
文化出版局

「ちょうちょう
　ひらひら」
文／まど・みちお
絵／にしまきかやこ
こぐま社

「どこかな どこかな」 文／そうまこうへい 絵／かとうあやこ フレーベル館	 「はしるの だいすき」 作／わかやましずこ 福音館書店
「ぴよ ぴよ」 作／谷川俊太郎 絵／堀内誠一 くもん出版	「まて まて まて」 案／こばやしえみこ 絵／ましませつこ こぐま社
 「もう おきるかな？」 文／まつのまさこ 絵／やぶうちまさゆき 福音館書店	「もこ もこもこ」 作／谷川俊太郎 絵／元永定正 文研出版

2012・2013年度選考委員 （敬称略・五十音順）

足立	茂美	乳幼児発達・鳥取県立保育専門学院講師
住谷	朋人	小児科医師・住谷小児科医院院長
高瀬	理子	司書・静岡県浜松市立図書館
中村	柾子	保育士・元保育園園長・青山学院女子短期大学講師
広松	由希子	絵本研究家

（NPO ブックスタート Web サイトより）

さくいん

あ行

赤ちゃん絵本　71, 104, 107
朝読書（朝の読書）
　　　　11, 80, 82, 134
アメリカ図書館協会
　　　　32, 34, 49, 88
アメリカ図書館協会ヤング
　アダルト図書館サービス
　協会（YALSA）
　　　　112, 114
アン・キャロル・ムーア
　　　　33

生駒市　51, 57, 63, 162
移動図書館　133, 159, 167
今沢慈海　19, 20

ウィーディング（廃棄）
　　　　55, 56, 59
Webサイトの開設　168

映像メディア　1
エプロンシアター　35, 104
絵本　5, 7, 8, 33, 39, 54, 71
　～78, 93～96, 106～110,
　119, 165
LLブック　47, 57, 92

大阪府立図書館　106, 159
大橋図書館　19
おはなし会
　21, 32, 33, 38, 99, 100,
　104, 105, 155, 156, 160
『おはなしのろうそく』　42

か行

親子読書会　36

カウンターワーク　32
科学あそび（遊び）
　　　　37, 75, 168
科学の絵本　75
科学読み物　37, 54, 75
学習指導要領（新学習指導
　要領）　27, 31, 56, 83, 139,
　144, 160
貸出　18, 29, 38
課題図書　60
学校司書
　　　52, 133, 139, 141, 142
学校読書調査　4
学校図書館図書整備5ヵ年
　計画　142
学校図書館図書標準　144
学校図書館との連携
　　　　9, 27, 130, 168
学校図書館法
　　　19, 140～142, 144, 147
家庭文庫　159
紙芝居
　　　35, 36, 55, 104, 105, 134
カレントアウェアネス
　サービス　31

疑似体験　1
キャリアプランニング　87

軽読書　82
言語能力　39, 102, 103

さ行

研修　46, 52, 53, 170

更生施設にいる子どもたち
　へのサービス　47, 161
公民館　22, 159, 160
国語科教育　24
子育て支援
　　　　12, 23, 93, 153, 154
子ども読書年　19, 24, 94
子どもの読書活動の推進に
　関する基本的な計画
　　　　19, 24, 25, 167
子どもの読書活動の推進に
　関する法律　2, 19, 24
子ども文庫
　　　19, 22, 24, 62, 68, 159, 160
子どもゆめ基金　25
コミュニティ　11, 15
コレクション構築
　　　　30, 53, 55, 57

さ行

サービスの評価　69, 127
さわる絵本　46, 89, 90
参考図書
　　　31, 55, 140, 144, 146, 156

詩　54, 71, 82, 83, 119
CIE図書館　19, 21
しかけ絵本　76
自然科学の本　84
児童サービス（定義）
　　　　13, 164
児童図書館員　46, 49

児童図書館サービスの指針　14, 70
児童文学　54, 78
字のない絵本　76, 77
『市民の図書館』　15, 19, 22
社会科学の本　84
宿題支援　31, 32, 165
生涯学習　15, 147
情報活用能力　156, 157, 169
情報リテラシー　10, 13, 31, 50
職業体験　68, 88
調べ学習　9, 10, 13, 31, 131, 144, 160
ストーリーテリング　18, 33, 41～43, 52, 162
選書　55, 56～58, 73, 107
選書基準　53, 107, 109, 128
総合的な学習の時間　9, 130, 131, 139, 144, 168
相互貸借　30
蔵書構成　59
想像力　9, 14, 17

た行
大活字本　46, 57, 92
大日本教育会書籍館　18, 19
団体貸出　9, 60, 127, 131, 132, 133, 147, 158
多文化サービス　165
地域資料　55
地域ネットワーク　130, 133, 136
地域文庫　159
地域連携　136, 162, 167
知識絵本　74
中・長期計画　48, 61
ディスレクシア　23, 47, 57, 90, 91
適書　6, 106, 164, 168, 170
伝記　5, 54, 87
展示　89, 95, 121, 126
点訳絵本　90

読書会　36
読書教育　24
読書興味　4～6, 8
読書指導　32, 161
読書習慣　13, 14, 156
読書相談　12, 32
読書の意義　2, 3, 17
読書能力　6, 7, 44
読書のレディネス　8
読書離れ　111, 156
読書へのアニマシオン　37, 77, 78, 134
図書館教育　24
図書館の電子化　31
図書館離れ　26, 88, 166
図書館法　15, 19, 48
読解力　6, 9, 10, 26, 37, 141, 146, 166
読解力向上プログラム　166

な行
入院中の子どもたちへのサービス　47, 161
入院中の子ども向けサービス　160
乳児（定義）　100
乳幼児コーナー　103
乳幼児サービス　12, 62, 102～104, 155, 165
乳幼児への図書館サービスガイドライン　14, 102
ニューヨーク市立図書館　115
布の絵本　89
年間計画　48, 61～66, 68
ノンフィクション　39, 83, 87

は行
パーソナリティの発達　4
廃棄→ウィーディング
パスファインダー　31, 126
発達課題　4, 109
発達段階　4～7, 13, 33, 37, 44, 49, 53, 61, 62, 155
パネルシアター　34
ハンディキャップのある子どもたちへのサービス　23, 46
PISA型読解力　140, 144, 166
批判的思考力　88
日比谷図書館　19, 20
ファーストブック　107

複本　57, 59
ブックスタート　8, 12, 19, 27, 71, 93〜100, 153〜155, 160, 163, 165, 168
ブックスタートのフォローアップ　99, 100, 165
ブックスタート・パック　94〜96, 98, 99
ブックトーク　8, 33, 34, 43〜46, 83〜86, 115, 134, 161, 169
ブックトラスト　93
ブックリスト　60, 100, 101, 104, 121, 169
不読者　25, 26, 157
フロアワーク　29, 32

ペープサート　33, 34, 45

保育所　68, 158
ポップ（Point of Purchase advertising）　120, 121, 127
ボランティア　22, 25, 38, 52, 94, 104, 121, 122, 134, 162

ま行

松居直　73
松岡享子　39, 73
マンガ（漫画，まんが）　55, 70, 77, 88, 115, 120, 121

見計らい方式　56

昔話　5, 33, 41, 54, 72〜74
昔話絵本　73, 110

物語絵本　5, 72

や行

柳田國男　72
ヤングアダルト（定義）　111
ヤングアダルト（YA）サービス　12, 13, 62, 88, 112, 115, 155, 156
ヤングアダルトサービス10箇条　114
ヤングアダルトサービスのためのガイドライン（ヤングアダルト向け図書館サービス指針）　14, 127
ヤングアダルト出版会　112
ヤングアダルト（YA）文学　116〜118
YA向け広報紙　122
ヤングアダルト向け資料　87

ユーラリー・スタイン メッツ・ロス　41〜43

幼児（定義）　100
幼稚園　68, 158

予算計画　61, 62
読み聞かせ　3, 7, 8, 12, 33, 38〜40, 47, 52, 72〜75, 78, 96, 100, 103, 104, 106, 127, 134, 154〜158
予約　30, 72, 159

ら・わ行

ライトノベル　119

理科読　37, 76
リクエスト　30, 57, 60
良書　6, 168

レファレンスサービス　9, 13, 30, 31, 38, 126, 156

ロングセラー　73, 82

わらべうた　71, 104〜107

欧文

DAISY　90〜92
IFLA　14, 70, 102, 103, 127
OPAC　30, 169
PISA　10, 40, 140, 166

［シリーズ監修者］

　　　高山正也　　元国立公文書館館長
　　　たかやままさや　慶應義塾大学名誉教授

　　　植松貞夫　　筑波大学名誉教授
　　　うえまつさだお

［編集責任者・執筆者］

　　植松貞夫（うえまつ・さだお）
1948　神奈川県茅ケ崎市に生まれる
1971　東京都立大学工学部建築工学科卒業
1974　東京大学大学院工学系研究科建築学専攻修士課程修了
　　　図書館情報大学図書館情報学部助手，助教授，教授，副学長・附属図書館長
2002　（大学統合により）筑波大学教授，図書館情報専門学群長，附属図書館長，大学院図書館情報メディア研究科長，図書館情報メディア係長，跡見学園女子大学文学部教授
現在　筑波大学名誉教授
　　　工学博士（1987年，東京大学）
主著　『よい図書館施設をつくる』（共著）日本図書館協会，『図書館ハンドブック第6版』（共著）日本図書館協会，『改訂図書館概論』（共著）樹村房，『建築設計資料集成（教育・図書）』（共著）丸善，『建築から図書館をみる』（単著）勉誠出版，ほか

　　鈴木佳苗（すずき・かなえ）
　　　お茶の水女子大学文教育学部卒業
　　　お茶の水女子大学大学院人間文化研究科博士課程修了・博士（人文科学）
　　　お茶の水女子大学大学院人間文化研究科助手，筑波大学図書館情報学系専任講師，筑波大学大学院図書館情報メディア研究科専任講師，筑波大学大学院図書館情報メディア研究科助教授・准教授を経て
現在　筑波大学図書館情報メディア系教授
主著　『学校図書館メディアセンター論の構築に向けて』（共著）勉誠出版，『子どもの情報行動に関する調査研究』（共著）国立国会図書館，『メディアと人間の発達』（共著）学文社，『認知的複雑性の発達社会心理学』（単著）風間書房，ほか

［執筆者］

　　岩崎れい（いわさき・れい）
1991　東京大学教育学部卒業
1996　東京大学大学院教育学研究科博士課程満期退学（教育学修士）
2000　京都ノートルダム女子大学人間文化学部専任講師・准教授・教授を経て
現在　京都ノートルダム女子大学国際言語文化学部・国際日本文化学科教授
主著　『文化の航跡』（共著）思文閣，『子どもの情報行動に関する調査研究』（共著）国立国会図書館，ほか

　　河西由美子（かさい・ゆみこ）
　　　東京大学大学院学際情報学府博士課程修了・博士（学際情報学）
　　　玉川大学通信教育部教育学部准教授を経て
現在　鶴見大学文学部教授
主著　「初等中等教育における情報リテラシーの育成に関する研究」（博士論文），『子どもの情報行動に関する調査研究』（共著）国立国会図書館，『学びの空間が大学を変える－ラーニングスタジオ・ラーニングコモンズ・コミュニケーションスペースの展開』（共著）ボイックス，DVD 教材「まかせて！学校図書館」（監修）スズキ教育ソフト，ほか

　　高桑弥須子（たかくわ・やすこ）
1980　市川市の公立小学校司書
2001　東京書籍新しい国語編集委員
現在　市川市立富美浜小学校司書
主著　『学校ブックトーク入門』（単著）教文館，『新しい国語　教師用指導書　読書指導の手引き』（単著）東京書籍，『鍛えよう！読むチカラ』（共著）明治書院，ほか

　　平澤佐千代（ひらさわ・さちよ）
1986　生駒市教育委員会事務局社会教育課図書館係に配属，図書館開館準備に携わる
1987　生駒市図書館開館
　　　鹿ノ台地区公民館（現・鹿ノ台ふれあいホール）図書室，図書館（本館），図書館南分館勤務を経て
　　　元生駒市図書館北分館長

堀川照代（ほりかわ・てるよ）
1974 お茶の水女子大学家政学部児童学科卒業
1988 東京大学大学院教育学研究科教育行政学専門課程社会教育（図書館学）専攻博士課程単位取得満期退学
島根県立島根女子短期大学（現島根県立大学短期大学部）講師・助教授・教授，青山学院女子短期大学教授を経て
現在　放送大学客員教授
主著　『学習指導と学校図書館』（編著）樹村房，『児童サービス研修のいまとこれから』（共著）国際子ども図書館，ほか

現代図書館情報学シリーズ…6

児童サービス論

2012年10月29日　初版第1刷発行
2024年2月9日　初版第11刷

〈検印廃止〉

著者代表 © 植松貞夫
　　　　　鈴木佳苗

発行者　大塚栄一

発行所　株式会社 樹村房
　　　　　　　　JUSONBO

〒112-0002
東京都文京区小石川5-11-7
電　話　03-3868-7321
ＦＡＸ　03-6801-5202
振　替　00190-3-93169
https://www.jusonbo.co.jp/

印刷　亜細亜印刷株式会社
製本　有限会社愛千製本所

ISBN978-4-88367-206-6　乱丁・落丁本は小社にてお取り替えいたします。

高山正也・植松貞夫 監修　**現代図書館情報学シリーズ**

[全12巻]
各巻Ａ５判　初版・改訂版 本体2,000円（税別）／三訂版 本体2,100円（税別）

▶本シリーズの各巻書名は，平成21(2009)年4月に公布された「図書館法施行規則の一部を改正する省令」で新たに掲げられた図書館に関する科目名に対応している。また，内容は，「司書資格取得のために大学において履修すべき図書館に関する科目の在り方について（報告）」（これからの図書館の在り方検討協力者会議）で示された〈ねらい・内容〉をもれなくカバーし，さらに最新の情報を盛り込みながら大学等における司書養成課程の標準的なテキストをめざして刊行するものである。

1	改訂 図書館概論	高山正也・岸田和明／編集
2	図書館制度・経営論	糸賀雅児・薬袋秀樹／編集
3	図書館情報技術論	杉本重雄／編集
4	改訂 図書館サービス概論	高山正也・村上篤太郎／編集
5	改訂 情報サービス論	山﨑久道・原田智子／編集
6	児童サービス論	植松貞夫・鈴木佳苗／編集
7	三訂 情報サービス演習	原田智子／編集
8	改訂 図書館情報資源概論	岸田和明／編集
9	三訂 情報資源組織論	田窪直規／編集
10	三訂 情報資源組織演習	小西和信・田窪直規／編集
11	図書・図書館史	佃 一可／編集
12	図書館施設論	植松貞夫／著

樹村房